능자가 들 수 없는 바위　전능자는 왜 신이 되었나?　전능자를 사랑한 자, 사랑하지 않은 자

붕어빵

황의찬 지음

포장마차 안에서
세 사람이 펼치는
전능자 담론

우리도 우리의 모양대로

도서
출판 **밀알서원**

도서
출판 **밀알서원**

밀알서원(Wheat Berry Books)은 **CLC**가 공동으로 운영하는 복음주의 출판사로서 신앙생활과 기독교문화를 위한 설교, 시, 수필, 간증, 선교, 경건 서적 등을 출판하고 있습니다.

Boong Oh Pang

Written by
Hwang, Eui-Chan

Korean Edition
Copyright © 2017 by Wheat Berry Books
Seoul, Korea

추천의 글 1

한국식 변증의 탄생을 감사드리면서

이 승 구 박사
합동신학대학원대학교 조직신학 교수

지방에 있는 신학교에서 많이 사용되는 말의 하나로 "교수 목사님"이라는 말이 있습니다. 참 구수한 말이지요. 번듯한 신학대학교나 신학대학원에서는 잘 듣지 못하는 말입니다. 예전에는 많이 사용되었던 이 말이 아주 좋은 말이지요. 여기 아주 좋은 "교수 목사님"의 굉장한 책이 나왔습니다.

일단 이 책은 한국말로 신학하고, 한국 사람이 신학하는 일의 좋은 시도라고 할 수 있습니다. 한국적 신학이 여러 방식으로 제시될 수 있지만 바로 이런 식의 논의를 하는 것입니다. 물론 복잡하게 하는 변증적 논의를 쉽게 풀어 써서 제시하려는 면도 있지만 이것은 참으로 한국 상황에서 한국말로 신학하게 하려는 시도입니다. 그것도 가장 어려운 신정론(神正論, theodicy, "하나님이 과연 옳으신가?")의 문제를 가장 쉽게 접근하도록 한 귀한 작업을 하신 것입니다. 저와 같은 사람들은 여러 상황 속에서 도무지 흉내 낼 수 없는 방식으로 효과적으로 작업해 내신 황의찬 목사님께 축하드리면서 이 책을 감사함으로 소개합니다.

　이 책의 마지막 부분에는 "세월호 상황 가운데서 우리는 어떻게 하나님을 말할 수 있는가?" 하는 문제까지를 논의하고 있습니다. 그러니 이 책은 참으로 귀한 변증서입니다. 이 시대에 신학을 하는 분들이 반드시 말해야 하는 이 주제를 잘 다루어 주신 것에 대해서 감사를 표현하지 않을 수 없습니다. 더구나 누구나 쉽게 접근할 수 있도록 하는 방식으로 이 어려운 주제를 우리에게 소개하시고 성경적이고 바른 길로 우리를 인도해 가심에 대해서 감사드리면서 이 책을 많은 분들에게 추천하는 바입니다.

추천의 글 2

사람에게 안기고 싶어 하는 전능자

민 영 진 박사
전 대한성서공회 총무, 감리교신학대학교 교수 역임

이 책은 신정론이라는 묵직한 신학적 주제를 소설 장르에 담아 쉽고 흥미롭게, 그리고 감동적으로 풀어내고 있다. 전능자도 자신의 전능이 가 닿지 못하는 한계가 있다는 것을 전능자와 인간이 주고받는 사랑의 관계에서 조명하고 있는 것은 사뭇 감동적이다. 아무리 전능자라도 인간의 사랑을 강요하지 못한다는 관점은 하나님과 사람 사이에 더욱 친밀한 사귐을 가능하게 하는 성령의 활동을 새로운 각도에서 살피도록 한다.

교회는 오랫동안 성자 예수 그리스도가 베푸시는 놀라운 은혜와 성부 하나님이 베푸시는 극진한 사랑과 성령 하나님이 베푸시는 친밀한 교제가 성도들 위에 늘 함께 머물기를 축복해 왔다. 그러나 그러한 관계의 유지를 위한 사귐 사이에서 전능자도 마음대로 어찌하지 못하는 민감한 사랑이 바위처럼 전능자를 짓누른다는 점은 간과하기 쉽다.

예레미야는 사람에게 사랑 받기를 원하는 전능자의 심정을 잘 포착

한다. 한 때 나는 예레미야 31:21-22을 읽으면서 사람 품을 그리워하는 하나님, 사람에게 안기고 싶어 하는 전능자를 명상한 적이 있다.

> 너를 폐인이 되게 하고, 네 땅 폐허로 만들고, 네 처(妻) 침략군에게 능욕 당하게 하고, 네 몸 먼 나라로 끌려가게 해놓고도, 내 분을 풀지 못했고, 내 오명(汚名) 씻지 못했다
> 너를 이국땅으로 잡혀가게 한 저승보다 더 잔혹한 내 질투, 너를 다시 데려오려 적지(敵地)로 들어가 속전(贖錢) 지불하는 내 어리석음, 너를 미워하면서도 못 버리는 내 미련, 너를 한 번도 이겨보지 못한 내 허약, 네가 한꺼번에 다 알아 버리고 말았구나
> 내가 창조하는 새 세상에서는, 여자(신부 이스라엘)가 남자(신랑 하나님)를 안으리라, 내가 너의 품에 안겨, 착한 자식들 낳으며, 너와 함께 영원히 살리라[1]

붕어빵 포장마차 안에서 전개되는 전능자 담론으로써 저자가 밝혀내는 용서, 관계, 출산, 자식의 의미 등 일련의 주제가 하나님과 사람 사이에서도 똑같이 중요한 관심사임을 『붕어빵』에서 다시 확인하는 기쁨을 누렸다. 이 책을 읽는 동안 내내 황의찬 목사의 문학적 재질이 돋보여 소설 분야에서 작가로 등단할 수 있는 자격이 충분함을 발견하게 된 것도 큰 소득이었다.

---

1 민영진, "사람이 하나님을 안는다." 「기독교시문학」 2008년 상반기, 70-71쪽.

추천의 글 3

전능자의 그늘 아래로 인도하는 매우 귀중한 담론

송 태 근 목사
삼일교회 담임

인간은 질문한다.
'나의 본성은 어디로부터 왔는가?'
'우리를 시작하게 하신 이는 어떤 분인가?'
'우리는 바르게 길을 가고 있는 것일까?'

인류 역사는 수많은 질문을 만들고 대답해 왔다. 하지만 질문 중 많은 것들에 우리는 답을 주고 있지는 못하고 있다. 보다 더 근본적인 질문, '전능자는 선하신 분인가'에 막혀 서 있기 때문인 듯하다. 이해할 수 없는 공동체의 재난과 개인의 고통이 밀려올 때, 시편기자처럼 우리도 자연스럽게 하나님을 향한 뼈아픈 의문을 던지게 된다.

'하나님, 당신은 무엇을 하시는 분입니까?'

교회는 세상 앞에서 선하신 하나님의 변호인을 자처하기도 했지만, 사실 승소하기는 쉬워 보이지 않는다. 이 책은 이 사안을 매우 특별한 형식으로 다룬다. 저자는 가상의 인물을 세워 대화를 시도한다. 그들과 차곡차곡 만남을 이어가며 살아계신 전능자를 향한 구도의 길을 떠난다. 긴 여정의 끝에 독자들은 그들과 함께 전능자의 그늘 아래로 인도함 받게 된다.

묵직한 주제지만 저자의 배려 깊은 글쓰기는 신정론의 논점을 놓치지 않도록 한다. 저자의 고민, 더 나아가 인간의 태생적 질문에 이 책이 이해의 폭을 넓혀 주기를 기대한다. 특별히 이 땅의 고통당하는 분들에게 이 책이 말하려는 위로가 오롯이 전달되길 소망한다.

저자 서문

황 의 찬 목사
전주온고을교회 담임

　사람들만이 가치를 판단하고 선악을 나눈다. 눈에 띄고 만질 수 있고 냄새 맡을 수 있고 들을 수 있는 것들의 존재에 대한 근원을 사람들만이 생각한다. 자기를 포함하여 '있는 이 모든 것들'의 시작은 어디인가에 대해서는 오직 사람들만이 의심한다. 아주 오래전부터 말이다.
　"나는 어디서 와서 어디로 가며 무엇을 해야 하는가?"
　이 질문도 유독 사람들만이 한다. 지금까지 인류는 이 질문들에 대해서 명쾌한 대답을 찾지 못했다. 어떤 이들은 간혹 이것이 답이라고 내놓기도 하는데 아무리 빈틈없는 짜임새와 논리를 제시한다고 하더라도 그에 대한 논란은 다시 시작된다.
　이 책은 존재의 근원을 밝히고자 하는 철학, 혹은 신학의 관점에서 출발한다. 그동안 인류는 존재의 근원에 대하여 '저절로 되었다,' '누군가 만들었다,' '알 수 없다'의 세 갈래로 나뉘어왔다. 여기에 하나가 더 있다면 그러한 논리들은 부질없을 뿐 아니라 하루하루 살아가는 일이 더 급하다는 절대다수인 서민대중의 '관심 없다'가 있을 것이다.

이를 더 압축하여 나누어보면, 무신론과 유신론 둘로 분류가 된다. '누군가 만들었다'는 필연적으로 '신이 있다'가 되고, '저절로' '알 수 없다' '관심 없다'는 자연스럽게 무신론으로 흐른다. 인류가 생긴 이래 이 논쟁은 곧바로 시작되었으며, 인류가 존속하는 한 끝날 수 없다.

이 책은 존재에 대하여 '누군가 만들었다'는 입장에 서 있다. 여기서 '누군가'는 '전능자'이다.

모든 것을 알며, 모든 것을 만들었다는 '전능자' 이 전능자는 사람들과 어떻게 만나는가?

사람들은 어떻게 전능자를 인지하는가?

전능자와 사람은 어떤 관계를 형성하는가?

전능자가 만든 '존재'들은 전능자와 어떻게 관계를 갖는가?

이러한 관점에서 접근하되, 철학적 혹은 신학적 및 사상적 접근방식으로부터는 옆으로 한걸음 비켜 서 있다. 더 많은 사람들에게 읽히고 싶은 바람 때문이다.

주인공 '나'가 붕어빵 포장마차를 운영하는 젊은 부부와 만나 나누는 대화 형식으로 전능자에 대한 담론을 전개한다. 그래서 학적으로 각주를 단다거나 참고도서를 밝히는 방식을 지양했다. 내용상으로도 굳이 그럴 필요가 없도록 구성하고 집필했다. 그러나 꼭 필요할 때는 최소화하면서 각주 몇 개를 달기도 했다.

가벼운 에세이나 소설을 읽는 기분으로 책을 펼치고 읽다보면 전능자 담론으로 자연스럽게 몰입할 수 있도록 의도하면서 집필했다. 그러나 이 책의 주제를 신학적 차원에서 보자면 '신정론'이기 때문에 쓰는 과정은 그렇게 녹록치만은 않았다. 어떤 주제에 대해서는 한두 번의 짧은 설명으로는 부족하다고 여겨 반복하기로서 독자의 이해를 돕고자 했다.

읽다가 지루하거나 이해하기 힘들다고 덮을 필요는 없다. 계속 책장을 넘기다보면 자연스럽게 이해가 되도록 한다는 원칙을 세우고 지키고자 노력했다. 이 책을 쓰는 동안 힘든 과정을 함께 한 아내에게 감사한다. 그리고 전능자에게 감사한다.

2017년 한 여름

차례

추천의 글 1 | 이승구 박사 (합동신학대학원대학교 조직신학 교수)
추천의 글 2 | 민영진 박사 (전 대한성서공회 총무, 감리교신학대학교 교수 역임)
추천의 글 3 | 송태근 목사 (삼일교회 담임)

저자 서문 | 황의찬 목사 (전주온고을교회 담임)

제1부
전능자가 들 수 없는 바위

1. 붕어빵 포장마차	17
2. 용서	22
3. 관계	29
4. 아이 낳는 능력	38
5. 자식의 의미	52
6. 전지전능, 전능자	64
7. 전능자가 들 수 없는 바위	76
8. 배고픈 잡상인 단속자	84
9. 애완견	91

제2부
전능자는 왜 신이 되었나?

10. 사랑하고 사랑받기   97
11. 사랑은 전능자의 발명품   105
12. 사랑에 꽂힌 전능자   114
13. 전능자의 사랑 파트너   120
14. 전능자는 왜 신이 되었을까?   129
15. 전능자는 유일무이한 신일까?   138
16. 존재하는 것의 근원   146

제3부
전능자를 사랑한 자, 사랑하지 않은 자

17. 악과 고통 그리고 전능자   155
18. 악과 고통 그리고 사랑   163
19. 부부간의 진짜 사랑   173
20. 사랑과 사랑 아닌 것   179
21. 전능자가 하는 일   188
22. 악한 자의 형통, 착한 자의 고난   197
23. 전능자의 자기 분립   205
24. 전능자를 사랑한 자, 사랑하지 않은 자   212

제4부
우리도 우리의 모양대로

25. 사람이 살아가는 목적　　224
26. 사랑의 정의　　232
27. 우리도 우리의 모양대로　　238

에필로그　　242

황의찬과 『붕어빵』 한 걸음 더 들어가기　　243
정승태 교수 (침례신학대학교 종교철학 교수, 목회신학대학원장)

제1부

전능자가 들 수 없는 바위

1. 붕어빵 포장마차
2. 용서
3. 관계
4. 아이 낳는 능력
5. 자식의 의미
6. 전지전능, 전능자
7. 전능자가 들 수 없는 바위
8. 배고픈 잡상인 단속반
9. 애완견

붕 어 빵

1. 붕어빵 포장마차

한 여름에 한 겨울을 상상하는 것은 경이롭다.

계속되는 무더위에 반팔 셔츠마저 벗어던지고 싶은데, 어떻게 두꺼운 옷을 켜켜이 껴입고 목도리를 하고 털 달린 외투를 입고 장갑을 끼고 목이 긴 구두를 신고, 며칠째 내린 눈이 다져져 미끄러운 길을 주춤주춤 걷던 겨울이 있었음을 떠올릴 수 있단 말인가.

찬바람이 씽씽 골목마다 훑고 지나가는데 후미진 길모퉁이 전봇대 아래에 투명한 비닐 안으로 뿌옇게 김을 서리고, 한 사람이 드나들 수 있을 만큼만 벙긋하게 휘장을 벌리고, 고소한 기름 냄새를 흘리면서, 붕어빵 포장마차가 잠시 쉬어가는 삶의 여정처럼 구부정하게 서 있다. 어묵을 꼬치에 꽂아 담가놓은 네모난 통 속에서는 말갛게 익어가는 짠 내도 기름만큼이나 고소하다.

그 앞을 지나치는 사람들은 두 부류로 나뉜다. 들어가서 먹고 갈까 고민하는 사람과 아예 관심조차 내비치지 않는 사람. 물론 바쁜 일이 있어서일 수도 있지만 서두르는 모습이 포장마차 따위에는 마음의 한 깃도 내 줄 수 없다는 듯이 스쳐지나가는 사람들이 삭풍처럼 매몰차게 보이기도 한다. 저 포장마차 안에 있는 인생의 소곤거림이 어떻게 펼쳐지든지 자기와는 상관없다는 사람들이다.

　들어가서 먹어주고 갈까 고민되는 사람들에게, 감정이 인색한 이들의 겉모습은 샘이 나기도 한다. 그리고 때로 자책한다.

　'나는 왜 늘 쓸 데 없는 일에 신경을 낭비하면서 살아갈까?'

　'내 앞가림도 제대로 못하면서…'

　'왜 나는 딱 내 것만 챙겨 군더더기 없이 추스르고 발딱 일어나지 못할까?'

　'일없다는 듯이 골목을 휘돌아나가는 칼바람처럼 나는 왜 휙 지나치지 못할까?'

　늘 앉은 자리가 질펀한 내가 때로는 싫기도 하다.

　그러나 어쩌랴?

　그 모습이 나의 본 모습일지도 모르는데.

　언제부턴가 생각을 고쳐먹었다.

　냄새가 나를 이끌면 굳이 거부할 이유가 무엇인가?

　들어가서 갓 구워낸 붕어빵을 입천장 데어가면서 한입 베어 물고 가파른 인생의 자투리를 툴툴 털어버리는 일도 의미가 없지 않을 것이라고 생각하기에 다다랐다. 그리고 생각날 때마다 포장마차 주인과 친구가 되기로 했다.

　겨울 한철 붕어빵 굽는 인생, 그 인생이 뭐 어쨌다고?

　속 깊이 들어가 보면 그들도 나 못지않을 터인데. 이 결정은 그러니까 틀림없는 겸손의 한 갈래이다.

　그러나 속은 놀놀하다. 저녁 한 끼를 해결하고 싶은데 아내를 닦달하여 꼬박꼬박 챙겨 먹다가는 혁대 아래 뱃살을 다스릴 수 없다. 그래서 붕어빵을 선정했다. 점심이 조금 부실했던 날에는 일곱 마리도 괜찮다.

그러나 점심의 뒷맛이 아직 남아 있는, 속이 든든한 날은 다섯 마리로 할까?

그쯤으로도 한 끼를 때울 수 있는 나이가 된 것이 한편으로는 야속하기도 하다.

며칠 전 보아두었던 포장마차로 들어섰다. 아직 새파랗게 젊은 부부가 붕어빵을 굽고 있었다. 젊고 통통해 보이는 아내는 퇴근길에 남편이 하는 포장마차에 들러 함께 마무리하고 집에 가려는지 차림새가 깔끔하다.

방금 구워낸 붕어빵 하나를 집어 들었다.

아가미부터 먹을까 꼬리지느러미부터 먹을까?

"부부이신가 봐요?"

"네에~"

아내와 남편이 마주보며 대답한다.

"이렇게 젊은 부부가 붕어빵 포차를 하니 너무 좋아 보이네!"

"그러세요?"

"그렇지요! 젊은이들이 소신을 가지고 포장마차를 하니 얼마나 좋아요?"

"그렇게 봐 주시니 감사합니다!"

자기들의 결정에 공감해 주는 사람을 모처럼 만났다는 듯이 이내 마음을 열었다.

"그래 어떻게 이렇게 붕어포차를 열게 되었어요?"

"결혼할 때는 둘 다 직장을 나갔어요! 그런데 직장일 때문에 서로 엇갈려 결혼을 한 것인지 안 한 것인지 모를 만큼 집에서 함께 있는 시간이 거의 없는 거예요! 매일 야근에 밤늦게 들어와 새벽같이 출근해야 하고, 회식이라도 있는 날에는 그나마 잠자는 얼굴 잠깐 보고 새벽에 다시 나가고, 서로 그렇게 하다가 이건 아니다 싶었어요!"

"그래요! 그래서 어떻게 했어요?"

"많이 고민을 하면서 대화를 했는데요, 둘 중 한 사람이 직장을 그만 두지 않는 한 이 문제는 해결될 수 없다고 결론을 냈어요! 그러면 누가 직장을 그만 둘 거냐? 이 문제로 좁혀서 대책을 찾았는데, 아내는 직장을 그만 둘 수 없다 하니, 어떻게 해요? 제가 그만두었지요! 그리고 나서 제가 시간이 좀 있는 일거리를 찾아보다가, 겨울 한철 경험삼아 이것 한 번 해 보자고 덤벼들었지요!"

"아하, 그렇구나! 그래도 신세대이시네! 우리 때만 해도 아내는 직장을 다니는데 남편이 직장이 없다는 것은 감히 상상할 수 없었는데!"

"그랬어요? 요즘은 그렇지 않은 것 같아요!"

"시대는 변하는 것이니까!"

"네, 아무래도 그렇지 않겠어요?"

"그렇구나! 그럼 아이들은요?"

"아이요?"

부부가 서로 겸연쩍은 듯이 마주 보면서 웃다가 아내가 대답을 한다.

"아이는 안 갖기로 했어요!"

"오호라! 우리가 붕어모양의 붕어빵은 구워 팔지만, 우리모양의 2세는 낳지 않겠다?"

"붕어빵이 거기에 연결이 되네요? 호호호"

"딱이지요?"

"그런 것 같아요!"

"왜 아이를 안 갖기로 정했어요?"

"아이들 귀여운 거는 알겠어요! 조카들이 많아서 조카들을 보면 참 귀여워요! 그런데 우리가 꼭 아이를 낳아야 할 필요를 느끼지 못하겠어요! 결혼하면서부터 '우리끼리 행복하게 잘 살자!' 하고 다짐을 했습니다."
"결혼할 때 이미?"
"네!"
아내가 먼저 대답하자, 남편도 동의한다는 듯이 대답했다.
"아이를 안 갖기로 결정할 때 부부간에 갈등은 없었어요?"
"남편은 처음에는 아이를 가졌으면 했어요! 그런데, 제가 자신 없다고 했어요! 아이 낳아 기르는 데 한두 푼 드는 것도 아니고…"
"남자가 여자의 그런 제안에 동의해 주기가 쉽지 않았을 터인데?"
"그렇지요! 저는 낳았으면 했어요, 그런데 이 사람이 그렇게 주장을 해요! 그렇다고 저는 이 사람 말고 다른 여자하고 결혼하고 싶은 마음도 없었고요! 그래서 그냥 '그렇게 하자!' 동의해 주고 결혼한 것 같아요!"
"문제의 중대성에 비추어 심사숙고는 의외로 쉽고 가벼웠네요!"
"그렇게 됩니까?"
두 부부가 서로 마주 보고 웃으면서 대답한다.
"저희도 결혼해서 아기 낳는 것이 중요하다고는 생각해요! 그러나 굳이 낳아야 할 필요성도 모르겠고, 주위에서 아기에게 매달려서 고생하는 것 보면 그것이 마냥 좋게만 보이지도 않는 듯 하고…"
"'아이들 보고 싶으면 조카들을 보면서 대리만족 하자!' 하고 둘이 결정했습니다!"
부부가 번갈아 대답을 해 준다.

2. 용서

"아이를 낳지 말자는 결정이 어떤 의미를 갖는지 진지하게 생각해 볼 수도 있었을 터인데요!"

"그렇긴 하겠지요!"

"그런 면에서 부부가 함께 깊이 대화해 본 적은 없어요?"

"그렇게까지는 안 했어요! 그냥 이 사람이 제의하기에 제가 몇 차례 낳자고 주장해 보다가 양보할 의사가 없는 것 같아서 제가 나중에 '그러자!' 했습니다!"

"그렇게 결혼하고 이제 몇 년이나 됐어요?"

"삼 년 좀 넘었나?"

아내가 대답해 준다.

대화를 하는 중에도 간간이 붕어빵을 종이봉투에 넣어 팔았다. 붕어빵을 사 가는 사람들은 빵을 만들어 파는 사람들에게는 별로 관심을 보이지 않는다. 개수가 부족하면 채우기를 기다려서 빵 값을 지불하고 서둘러 나간다. 손님들이 붕어빵을 사 가는 틈틈이 빵틀에서 건져 올리는 싱싱한 빵들 중에 하나씩 집어, 침을 삼키고 조금 베어 문다. 혀나 입천장을 데지 않도록 입안에서 이리저리 굴리면서 맛을 음미하고 뜸을 들이며 삼키는 맛이 더할 나위 없다. 포장 밖을 흘끗 바라보니 행인이 뜸하다.

"결혼한 부부가 아이를 낳겠다, 낳지 않겠다, 선택할 수 있겠지요!"

"…"

잠시 두 부부는 포장을 걷을 시간이 다가옴에 따라 몇 가지를 정리한다. 어쩌면 그들에게 나는 불청객이 될 수도 있다.

"몇 시에 마쳐요?"

"열 시 넘어서 손님이 뜸하다 싶으면 포장을 묶어두고 들어갑니다!"

"고생되겠어요!"

"괜찮습니다. 처음 해 보니까 새로운 것도 알게 되는 것 같고요. 아직은 재미있게 하고 있어요!"

"나도 붕어빵을 구워보고 싶다는 생각을 했었는데…"

"그러세요? 왜 이걸 해 보고 싶으셨어요?"

"재미있을 것 같아 보이고, 한 겨울에 이렇게 추위를 포장으로 가리고 뜨거운 빵틀에서 열이 확확 올라오는 데 빵틀을 뒤집다보면 왠지 겨울이 다 녹아버릴 것 같기도 하고…"

"사장님 표현이 참 재미있어요! 혹시 시를 쓰는 분이세요?"

"아니요! 그런 건 아니지만, 추운 겨울 한 철 이렇게 포장마차에서 붕어빵을 구워서 파는 의미는 무엇일까, 그런 생각은 종종 하지요!"

"붕어빵 포장마차의 깊은 뜻, 이런 건가요?"

"그런지도 몰라요! 세상 모든 일에는 의미가 있다고 생각하기 때문이지요!"

"그렇지요, 의미가 있겠지요!"

"나는 아이들이 다 컸지만, 둘을 두었어요! 요즘은 그 녀석들의 의미가 나에게 무엇일까, 이런 생각들을 하게 될 때가 있어요!"
"아, 그러세요?"
이쯤에서 본격적인 화두 하나를 던질 필요가 있었다.
"결혼하여 자녀를 낳지 않겠다는 결정이 의미하는 바, 그 첫 번째로 생각해 볼 것이 용서라고 할 수 있지 않을까요?"
"용서요?"
"예, 용서!"
"자녀를 낳는 것과 용서한다는 것이 어떤 관계일지 저희로서는 금시초문인데요?"
"용서는 어떤 잘못에 대하여 그냥 덮어준다는 뜻인데, 그것과 아이 낳는 일! 어떻게 관련이 있을지 궁금해요!"
남편의 말에 이어 아내가 거들고 나선다.
그때 어묵을 먹으러 중학생쯤으로 보이는 여자 아이들 서너 명이 우르르 들어온다. 막 진지하게 이야기를 이어가려는 순간에 방해를 받는다. 아쉽지만 붕어빵 파는 일이 우선이니 나는 시침을 뚝 떼고, 새로 온 손님들이 맘껏 상품을 소비할 수 있도록 분위기를 만들어 주어야 한다. 아이들은 재잘거리며 어묵 꼬치를 건져서 간장을 찍어 맛있게 먹는다.
"아저씨, 매운 어묵 없어요?"
"거기 색깔이 좀 더 빨갛게 보이는 것이 매운 건데, 괜찮아?"
"예, 저 매운 거 좋아해요!"
매운 어묵을 간장까지 찍어먹는다.
"야~ 매운 것을 간장까지 찍어?"
그러다가 간장 종지를 밀어뜨려 바닥으로 떨어지고 만다.

"쨍그랑~"

간장이 바짓가랑이로 튀었다.

"야~ 이거 어째?"

서로 큰 소리를 질러대며 호들갑이다.

"너, 간장 값 물어내야 돼! 그렇지요, 아저씨?"

"간장 그릇이 더 비싸겠다! 어떻게 해?"

"괜찮아, 괜찮아! 어디 다치지는 않았어?"

아내가 얼른 깨진 간장 그릇을 주워 담으면서 괜찮다고 말해 준다.

사장도 학생들에게 다치지 않았냐고 물으면서 다행이라고 학생들을 안심시켜 준다. 그리고 여분으로 준비해 둔 그릇에 간장을 다시 담아서 내놓는다. 아이들은 간장 그릇을 깨뜨려서인지 서둘러 어묵 값을 내고 재잘거리면서 갔다.

"아이들이 간장 종지를 깨뜨렸는데, 그릇 값도 못 받고, 손해나겠어요!"

"어쩔 수 없지요 뭐!"

"아까 우리가 '용서' 얘기하다 말았는데, 지금 간장 종지를 깬 아이들, 사장님은 용서해 주었는데, 간장 종지를 깨뜨리고 난 후에 '용서해야지' 하고 결정한 거예요?"

"아니지요! 이 장사 시작하면서 이런 일도 일어날 것을 예상하고, 이런 경우에는 그릇 값을 챙겨 받기보다는 오히려 고객들이 다치지나 않았는지를 염려해 주어야 할 것이라고 미리 생각해 두었지요!"

"그러니까, 아이들이 간장 종지를 깨뜨리기 전에 이미 용서하고 있었다는 뜻이 됩니까?"

"그렇다고 봐야 되겠지요! 그렇게 하지 않고는 이 장사를 시작할 수 없을 겁니다!"

결국 나중에 일어날 가능성이 있는 고객의 실수와 그로 인한 사업상의 손실을 미리 예측하고 감안했다는 것은, 고객의 잘못을 앞당겨서 용서하고 사업을 시작했다는 뜻이 된다. 그랬기에 간장 종지가 깨졌을 때 당황하지 않고 잘 대처할 수 있었다.

"부모가 아이를 낳는 일도 이와 같지 않을까해요, 아이는 태어나 자라면서 무수한 잘못을 부모에게 할 겁니다. 그럴 가능성에 대하여 자녀를 갖기 이전에 이미 용서하고 출산을 결정한다고 보는 것에 무리가 있습니까?"

"듣고 보니, 맞는 얘기입니다. 자녀가 미래에 저지를 온갖 잘못을 부모는 다 감안하고 용서하고 나서야 출산하게 되는 것 같습니다!"

아이를 갖지 않겠다는 결정의 이면에는 바로 이 용서의 문제가 있다. 미래의 자녀에 대하여 용서가 되면 아이를 갖게 될 것이고, 그런 저런 문제들에 대하여 용납하기 어렵다고 판단하면 즉, 미리 용서가 안 되면 '아이를 갖지 말자!' 이렇게 된다. 어린 아이를 좋아한다 혹은 싫어한다는 취향의 문제는 곧 용서의 문제이다. 어린 아이를 좋아한다는 말은 어린 아이의 재롱은 물론 말썽에 대해서도 관용 베풀기를 즐긴다는 것을 의미한다.

"오늘 사장님 말씀 듣고 보니 새롭기도 하고, 진정 그렇구나 하고 느껴져요! 그동안 우리는 용서라는 것은 언제나 어떤 사건이 발생한 후에 용서할까 말까 결정하는 것으로만 알았는데, 그게 아닌 것 같아요!"

"나중의 범죄를 미리 용서한다, 재미있지요?"

"하나 더 이야기 해 볼까요?"

"해 주세요! 사장님!"

이번에는 아내가 적극적으로 듣기를 청한다.

"두 분이 결혼을 했어요! 그렇지요?"

"네!"

"결혼이란 의식을 다시 한 번 생각해 봅시다! 결혼식이란 평생 살면서 서로가 서로에게 저지를 모든 잘못을 앞당겨 용서하는 선포의례다!"

"무슨 뜻이에요?"

결혼식을 하면서 상대방이 나에게 평생 동안에 잘못하는 일은 하나도 없고 잘하는 일만 있을 것으로 기대한다면 그 사람은 바보다. 결혼식 끝나자마자 서로가 서로에게 경쟁적으로 잘못하게 될 것이다. 결혼해서 살고 있는 부부들의 사례에서 밝히 드러나 있다. 부부간에 싸우면서 살아가는 모습은 멀리 볼 것도 없이 자기의 부모님들이 살아온 모습에서도 충분히 확인이 가능하다. 그럼에도 결혼 하는 이유는, 의식을 하든 못 하든 간에, 상대방이 나에게 저지를 미래의 잘못에 대하여 너그럽고 관대하게 용서하리라는 결단이 서기 때문이다. 보다 분명하게 말한다면 나중의 잘못을 지금 용서했기 때문에 결혼식장에 들어설 수 있다.

"듣고 보니 맞아요!"

아내는 얼른 동의가 되었나보다.

"그러나 그것은 당위성의 문제일 뿐이지 현실에서는 적용하기 어려운 거 아닌가?"

남편은 아내를 바라보면서 현실적인 견해를 내놓는다.

어쨌든 '용서는 사후적 행위'라는 고정관념은 다시 생각해 볼 여지가 있다. 그 고정관념에서 벗어나지 못하면 부부간에도, 부모와 자녀 간에도 문제가 생길 때마다 사안별로 '이걸 용서 해, 말아?'로부터 시작해야 한다. 아까 고객들이 어묵을 먹다가 간장 종지를 깨뜨렸을 때 업주는 용서해야 할지 말지를 그때 결정해야 한다.

　그렇게 하는 업주를 능숙한 사업가라고 말할 수 있을까?

　배우자의 사소한 실수 하나하나에 그때마다 용서할 것인지, 문제 삼을 것인지를 결정해야 한다면 얼마나 피곤할까?

　피곤할 뿐 아니라 일관성을 갖기 어렵다. 기분이 좋을 때는 상대의 잘못에 대하여 너그럽다가도, 기분이 예민해져 있을 때는 아주 작은 것에도 트집을 잡게 된다.

　'아이를 낳기로 했다는 것은 태어날 아이의 온갖 잘못을 미리 용서함으로써 가능한 결단이다.'

　"어때요? 동의가 되나요?"

　"공감이 됩니다. 사장님!"

　"네, 동의가 됩니다! 사장님! 오늘 이 자리가 철학시간 강의실 같아요!"

　"정신을 똑바로 차리고 사장님이 전개한 논리에 맞추어 가다보면 동의할 수 있겠는데요, 지금까지의 습관이 그렇지 않은 점을 감안한다면 쉽지는 않을 것 같아요!"

　"역시 남자들은 논리적입니다. 오랜 관성에 의해서 저질러지는 행동을 제어한다는 것은 아무리 훌륭하고 뛰어난 이론을 알고 있다고 하더라도 쉽지 않지요! 그러나 우리가 개념상으로라도 알고 있다면, 모르고 있던 때에 비하여 훨씬 달라질 수 있지 않을까요?"

　"그건 그렇다고 봅니다!"

3. 관계

　용서는 관계와 관련을 갖는다. 특별히 나중의 잘못을 앞당겨 용서하는 행위는 관계와 대단히 밀접하다. 위에서 결혼하는 일은 배우자의 나중 잘못을 앞당겨 용서하는 것이라고 했고, 부모가 되어 자녀를 낳기로 결정하는 일 또한 태어날 자녀가 저지를 나중의 잘못을 지금 용서하고 결정하는 행위라고 했다. 이렇게 앞당겨 용서함으로써 이루어지는 것이 다름 아니라 관계다.

　두 남녀가 상대의 나중 잘못을 앞당겨 용서하고 결혼함으로써 부부관계가 된다. 자녀의 나중 잘못을 미리 용서하기로 결단하고 자녀를 잉태함으로써 부모와 자식관계가 비롯된다. 이를 다른 각도에서 보자면, 관계가 맺어지기 위해서는 사전용서가 전제되어야 한다고 말할 수 있다. 관계는 사전용서로서 시작되는 특수한 상황이다.

　이렇게 시작된 상황이 유지되는 동안에 한하여 관계라고 할 수 있다. 관계는 유지되고 지속될 때만 관계다. 부부관계는 유지될 때만 부부관계다. 그래서 관계는 유지시키는 것에 묘미가 있다.

　어떻게 하면 관계를 잘 유지할 수 있을까?

　"남편님이 한 철 장사이기는 하지만 붕어빵 포장마차를 시작했는데,

어떻게 하면 이 사업에서 성공할 수 있을까요?"
"많이 팔아야겠지요!"
"내 질문이 잘못 되었네, 어떻게 하면 붕어빵을 많이 팔 수 있을까요?"
"맛있게 만들어야 한다? 싸게 판다? 친절? 등등 몇 가지가 있겠지요?"
"오늘 붕어빵 포장마차 안 강좌에서는 지금 용서, 관계가 주제인 것 잊으셨군요?"
"그렇게 되나요, 사장님?"
"그렇지요!"

사업에 성공하기 위해서는 고객과의 관계에 성공해야 한다. 재화를 공급하는 사업자는 재화를 소비하는 고객과의 관계에 성공해야 한다. 고객과의 관계에 성공을 위해서 사업가는 고객을 미리 용서했다는 태도가 중요하다. 예견되는 고객의 취향은 물론, 고객의 실책에 대한 무수한 가능성을 미리 예측하고, 고객의 실책이나 잘못을 어떻게 용서했는지 태도를 분명히 해야 한다. 그렇게 할 때 고객의 각종 희망사항이나 어떤 불만에도 당황하지 않고 잘 대처할 수 있다. 잘 대처하기 위해서는 사안별로 미리 용서했다는 분명한 태도가 절대적이다.

부부관계를 성공적으로 지속하기 위해서도 마찬가지다. 배우자가 저지를 수 있는 실수는 각종의 사회 지표상으로 이미 드러나 있다. 남자와 여자의 차이, 남편과 아내의 차이, 가사 분담에서 오는 숱한 문제점, 경제 문제를 비롯한 온갖 문제들에 대한 견해 차이는 각종의 자료로서 발표되어 있다. 마치 고객이 저지를 실책과 고객이 제기할 수 있는 '클레임'이 유형별로 드러나 있듯이 말이다. 부부관계 지속을 위한 핵심도 상대의 잘못을 이미 예측하고 이미 용서했다는 태도에 좌우된다. 살다가 '당신이 그렇게 할 줄은 미처 몰랐다'고 하는 말은 프로답지 않다.

부모가 자녀를 낳아 키울 때도 마찬가지다. 자식이 잘하는 때도 있겠지만, 어떤 잘못을 저지르게 될 것인지에 대한 것들도 각종의 사회적 지표들로서 이미 밝혀져 있다. 청소년 범죄 비율이라든가, 탈선의 빈도 역시 다 드러나 있다.

부모는 자녀를 키울 때 이러한 잘못에 대하여 '미리 용서하고 너를 낳았다'는 태도를 견지한다면 어떤 결과를 가져올까?

미리 용서하고 낳았다는 태도를 분명히 하는 부모와, 그렇지 않은 부모 슬하의 자녀들은 어떤 차이를 보일까?

그 차이는 '관계'에서 표출된다. 부모와 자식 관계가 '좋다' 혹은 '나쁘다'로 드러날 것이다. 자녀를 낳기 전, 모두 용서하고 낳았으므로 자녀의 잘못에 대하여 당황하지 않고 잘 짜인 매뉴얼이 있는 것처럼 행동하는 부모와, 조그만 잘못에도 노발대발하면서 분을 삭이지 못하는 부모! 그 차이는 관계가 유지되느냐 파괴되느냐로 벌어질 수도 있다.

"이쯤 하면, '용서는 나중의 범죄를 앞당겨 하는 것'으로 증명되지 않았나요?"

"지금 여기 붕어빵 포장마차 강좌에서는 분명히 입증이 되었다고 봐요! 사장님!"

"여기를 벗어나면 쓸데없는 가설로 머물 수도 있다는 의미인가요?"

"예, 좋기는 한데, 맞는 것 같기는 한데, 어쩐지 현실성은 결여되지 않나 하는 생각이 들어요!"

"어떤 면에서 미진하다고 느껴져요?

관계입니까?

용서입니까?"

"사장님께서 나중 범죄를 미리 용서함으로써 관계가 이루어지고, 나중 범죄를 미리 용서했다는 태도를 분명히 할 때 관계에 성공할 수 있다 하셨기 때문에, 아무래도 용서에 대해서 보강이 필요한 것 같은데요?"
"이 자리에서 '보강'씩이나?"
"기왕 들어둘 바에는 분명한 게 좋을 것 같은 생각이야!"
남편이 사뭇 진지해진다.
"나중의 범죄를 과연 언제 용서했느냐?
이것에 대한 보강으로 영화 한 편이 떠올랐어요!"
"어떤 영화요?"
두 부부는 모두가 영화를 좋아하는 듯했다.
"공공의 적[1]이라는 영화 봤지요?"
"네! 봤어요!"
"자기와 함께 가서 본 영화 같은데?"
"거기 보면 어머니가 숨이 넘어가면서 아들이 남긴 증거를 인멸하기 위해서 뭔가를 삼키는 장면이 있는데 기억해요?"
"기억하지요! 그 영화의 핵심인데요!"
"아들의 손에 죽어가면서 현장에 떨어진 아들의 손톱 쪼가리를 삼키는 어머니! 영화 속 어머니의 이 행동은 자식의 그 어떤 범죄라도 용서한다는 것을 단적으로 드러낸다고 볼 수 있어요!"
"공감이 됩니다. 사장님!"
"그렇다면 어머니는 그 아들을 언제 용서했을까요?
바닥에 떨어져 있는 증거물을 확인하고 그때 용서했을까요?
아니면 그보다 훨씬 이전에 용서했을까요?"

---

[1] 2008년 강우석 감독 설경구 주연 영화

"…"

"나는 그 영화를 보면서 어머니는 그 아들이 태어나기 이전에 이미 다 용서하지 않았을까?"

"태어나기도 전에요?"

"그렇지요!"

자녀를 낳아 기른다는 것은 그 자녀가 어떤 인물로 성장할 것인지 정확히 알 수 없는 상태에서 내리는 결정이다. 물론 부모는 자녀가 훌륭한 인품을 지닌 사람으로 성장하기를 기대한다. 그러나 오늘날 세상에 살고 있는 사람들의 다양한 분포가 곧 내 자녀가 태어나고 자라서 어떤 인물이 될지를 가늠해 볼 수 있는 확률분포이다. 전 인구 중에 부도덕한 인물이 절반이라면 내 자녀가 부도덕한 인물로 자랄 확률도 절반이다. 사기꾼의 비율이 전 인구 중에서 0.1%쯤 된다면 그만큼의 가능성도 배제할 수 없다. 물론 0.1%에 해당하는 천재가 될 확률도 마찬가지다. 한국의 청년들 중에서 대기업에 취업할 확률이 5%라면 그것이 또한 내 자녀가 대기업에 취업할 가능성의 지표가 된다.

자녀를 낳아서 기르다보면 요람에서는 온갖 귀여운 짓을 하지만 커가면서 부모 속을 무던히도 아프게 한다. 공부를 못해서 낙제할 수도 있다. 나쁜 짓을 해서 경찰에 붙잡혀 갈 수도 있다. 그럼에도 자녀를 낳는 일은 잘못될 가능성에 대하여, 부모로서 모두 용서가 되기 때문이다. 그러니 부모가 자녀를 낳아 부모와 자녀로서의 관계를 창설한다는 것은, 태어날 자녀가 저지를 숱한 잘못에 대한 용서를 미리 했으므로 가능하다고 봐야 한다.

물론 잘못되리라는 예측은 여간해서는 하지 않는다. 훌륭하게 잘 자라기를 기대하는 마음이 앞서기 때문이다. 이 기대가 사실은 '나중 잘못,

미리 용서' 개념을 약화시킨다.

"사장님의 설명을 듣고 보니 그런 것 같아요!"

"거봐, 자기야! '공공의 적'을 보더라도 아이를 갖지 않기로 결정한 일이 나쁘지 않다는 것 알겠지?"

"이야기가 그렇게 전개될 수도 있네? 허허허!"

부모와 자식이라는 관계만이 이렇게 나중의 잘못에 대하여 미리 용서하고 맺어지는 것이 아니다. 두 남녀가 만나 결혼하여 이루는 부부관계 역시 똑같다. 우리가 의식하지 못할 뿐이다. 배우자가 결혼생활 중에 잘 할 수도 있지만, 잘 못하고, 잘 못 될 가능성도 농후하다. 이런 현상 역시 세상 사람들의 분포가 증명한다. 배우자가 바람을 피울 확률도 그 사회의 지표만큼 있다고 봐야 한다. 상대방이 기대했던 만큼 배우자가 흡족하게 해 줄 수 있는 경우에 대한 지표도 이미 드러나 있다.

그럼에도 두 남녀가 만나서 결혼한다는 것은 이 모든 것을 어쨌든지 간에 용서한다는 것이 아닌가?

그러니 결혼식이란 상대가 평생에 걸쳐서 잘 할 것이라는 기대치와 더불어 나에게 저지를 잘못에 대한 사전용서의 선포식이다.

'건강할 때나 아플 때나, 기쁠 때나 슬플 때에도 변함없이 사랑하겠느뇨?'

이렇게 물을 때 씩씩하게 대답한 이유가 거기에 있다.

"자기야! 내가 잘 못할 것을 그때 이미 용서했어?"

"그러면, 자기도 지금 내가 이렇게 꾀죄죄하게 붕어빵이나 구울지도 모르지만 그때 다 용서한 거지?"

그래놓고는 둘이 마주 보면서 깔깔깔 웃어댄다.

"자기는 그때 이미 내가 다른 여자와 바람을 피운대도 용서한 거지?"

"어머 이거는 어떻게 되는 거야?"

"사장님 이거는 어떻게 설명이 될 수 있지요?"

아내가 고개를 내 쪽으로 돌리며 묻는다.

물론 결혼식 때 어떠한 죄라도 무조건적으로 다 용서한다고 주장할 수는 없다. 결혼 관계를 더 이상 지속할 수 없는 중대한 범죄는 용서에서 제외시켜야 한다. 그 중에서 배우자의 불륜이라든지 심각한 범죄는 예외일 것이다.

관계라는 것은 당사자 사이에서 일어날 나중의 범죄를 미리 용서함으로써 맺어지는 특수한 현상이다. 그러나 관계의 지속이라는 측면에서 새로운 문제가 발생할 수 있다. 이미 용서했지만 사안의 중대성이 관계의 지속에 걸림돌이 되는 문제가 없을 수 없다. 그럴 경우에 관계의 중단이라는 특단의 상황도 초래된다.

친구관계도 마찬가지이다. 여러 사람들 중에서 서로 호감을 느끼고 자주 만나 어울린다는 것도 그 사람의 나중 범죄에 대하여 지금 용서함이 가능했기에 친구가 될 수 있다.

'내가 너와 친구로 보내기는 하지만, 네가 나에게 조그만 잘못이라도 한다면 그때는 가차 없이 정죄할 거야!'

이런 마음 자세라면 친구관계가 성립되지 못한다.

'어쩐지 나는 네가 나에게 설령 잘못을 하게 되더라도 내가 너를 너그럽게 용서할 수 있을 것 같아.'

이래야 친구가 된다. 아무리 사소한 관계라도 그 관계가 성립되려면 양 당사자 공히, 나중의 잘못이 지금 용서되기 때문이다. 그러나 이 역시 관계의 중단이라는 사태가 발생할 수 있다. 용서하지 않을 때이다.

물론 내 의사와는 상관없이 이루어지는 관계도 있다. 부모님이 자녀를 둘 이상 낳으면 형제관계가 자동적으로 형성된다. 이 관계에서는 작위적으로 나중의 범죄를 미리 용서하고 맺는 '관계'를 적용시킨다. 인위적으로 맺는 '관계'에서 학습한 '나중 범죄에 대한 지금 용서'가 필연적 관계에 원용된다고 볼 수 있다. 친형제간이라도 서로 의가 나면 관계가 멀어지는 것은 어쩔 수 없는 현상이지만, 보편적으로 관계 맺기는 서로간에 '나중 범죄를 미리 용서'함으로써 형성되는 특수한 사이라고 정리할 수 있다.

이러한 관계의 특성을 잘 이해하고 유지하는 관계 당사자들과, 나중의 범죄를 미리 용서하고 맺는 관계에 대한 이해 없이 관계를 맺고 사는 관계 당사자들과의 차이는 상당히 크다고 볼 수 있다. 이를테면 신혼여행에 다녀온 직후에 이혼하는 부부를 보자!

결혼식을 마치고 신혼여행을 떠나면서 배우자가 나에게 숱하게 잘못할 수 있다는 것을 인정하고, 그럼에도 나는 상대를 용서했으므로 결혼이 성립되었다고 분명히 인식한다면, 신혼여행 분위기는 훨씬 달라질 것이다. 그리고 신혼여행을 다녀온 직후에 이혼하는 일도 벌어지지 않을 것이다. 결혼식이 나중의 잘못을 지금 용서한다는 의미인 것을 모르고 결혼한 이들이 신혼여행에서 돌아오자마자 이혼을 하게 된다.

이것은 부부관계, 부모와 자녀관계, 친구관계를 비롯한 모든 관계에서 적용할 수 있다. 우리가 관계를 잘 유지하려면 관계의 특성을 이해해야 한다. 부모가 자녀를 양육할 때도 자녀를 갖기 이전에 용서했음을 의식하면서 키우는 자녀와, 그렇지 못한 자녀는 많이 다를 것이다.

"사장님! 아니 선생님! 아니 교수님! 어떻게 불러야 해요?"
"오늘은 사장님으로 시작했으니 마칠 때까지 사장님으로 불러줘요!"
"그래도 돼요? 사장님 오늘 너무 좋은 말씀해 주셨어요! 우리는 결혼해서 살면서 그런 생각 한 번도 안 해봤거든요! 그런데, 제가 결혼하면서 남편의 모든 잘못 용서했다! 이거 오늘 알았어요! 이 말씀을 잘 새긴다면 저희 부부생활이 많이 달라질 것 같아요! 자기야! 자기도 그렇게 생각 하지?"

"글쎄, 나는 아직 뭐가 뭔지 잘 모르겠어! 당신은 워낙 그쪽으로 촉이 발달했으니까! 나는 이런 대화에 조금은 덜 익숙해!"

"그럴 거예요! 역시 남자는 솔직한 면이 있어요! 오늘 대화를 조금 더 음미해 보세요! 아내님과 함께 말이에요!"

"고맙습니다. 사장님!"

"붕어빵 값 내야지요! 내가 어묵 국물을 홀짝홀짝 다 마셨네!"

"아니에요! 사장님! 좋은 말씀 너무 많이 해 주셨는데, 붕어빵 값 어떻게 받아요?"

"나는 아식도 할 얘기가 더 많이 남아 있어서 낼모레 또 와야 하는데, 지금 붕어빵 값 안 받으면 다음에 못 와요!"

"고맙습니다. 사장님!"

"안녕히 가세요!"

4. 아이 낳는 능력

　그날 붕어빵 포장마차의 젊은 부부와 재미있는 대화를 마치고 집으로 돌아왔는데, 벌써부터 다음 만남이 기대되어 가슴이 설렜다. 붕어빵을 파는 입장에서 손님으로 버티고 서서 장광설을 늘어놓는 것이 마땅하지 않게 여겨질 수도 있다. 그래서 그들과 좀 더 진지한 대화를 나누고 싶다면 빈틈없는 준비가 필요하다. 억지로 내 안에 있는 생각만을 주장하다가는 이내 식상하고 붕어빵 맛을 잃게 될지도 모른다.
　붕어빵도 맛있게 먹고, 대화도 즐겁게 하고, 돌아설 때 작으나마 설렘과 기쁨이 있는 시간은 거저 만들어지지 않는다. 하기야 요즘에는 진지함이 진부하게 여겨지는 시대라서 접근하는 방식만 잘 꾸며도 젊은이들을 쉽게 감동시킬 수 있다. 가벼운 것들에만 익숙해져 있다 보면 때로 다가오는, 묵직하지만 들고 있기에 너무나 버겁지 않은 부담은 적당한 자극제가 될 수도 있다.
　그날 이후 적당한 시간을 찾았다. 엊그제 그 시간에 때를 맞춰 다시 찾았다. 그날도 젊은 아내는 직장에서 퇴근하여 남편이 하는 붕어빵 포장마차에 와 있었다. 가정을 이루고 부부가 함께 하는 시간을 이렇게 만들어 즐기고 있었다. 그들에게 내가 먼저 인사하면서 포장을 들추고 들어갔다.

"잘 지냈어요?"

"네, 안녕하세요?"

"오늘도 마침 아내님이 와 계셨네?"

"네, 오늘도 함께 있다가 들어가려고요!"

"참 보기 좋아요! 젊은 부부가 이렇게 지내는 모습이 세상에서 최고의 경치이지요!"

"저희들은 잘 모르겠는데, 나이 드시면 그렇게 보이나 봐요!"

"그렇지요! 헛나이를 먹으면 되나요, 나이가 얼마나 소중한 건데!"

"사장님도 모습이 보기에 좋으세요!"

"고마워요!"

언제나처럼, 대롱대롱 매달려 있는 종이컵 대롱 맨 밑에서 한 개를 뽑아 어묵 국물을 한 국자 퍼서 담았다. 후후 불어가며 입술과 혀와 목을 적시고 붕어 빵 한 개를 집었다.

"그런데 오늘은 우리가 벌써 구면이잖아요?"

"그렇지요!"

"그래서 내가 좀 센 질문 하나 하고 싶은데, 해도 될라나 모르겠네!"

"센 질문이라고요?"

"19금도 괜찮아요! 저희들도 결혼 3년이 지났는데요 뭐!"

"남자는 자기를 알아주는 자에게 목숨을 바치고, 여자는 자기를 알아주는 사람에게…?"

"그 다음 뭔데요?"

"한번 알아맞혀 봐요!"

"어디서 한 번 듣기는 들은 것도 같은데, 생각이 얼른 안 나요!"

"앞부분, 남자는 자기를 알아주는 자에게 목숨을 바친다! 이 말은 누구나 쉽게 수긍을 할 수 있어요! 그만큼 누군가가 나를 알아준다! 이거 대단히 중요한 문제입니다. 그런데 자기를 알아주는 사람에게 여자는 어떻게 하느냐, 이거 대단히 흥미로워요!"

"생각이 잘 안 나요! 말씀해 주세요!"

"… 여자는 자기를 알아주는 사람에게 치마를 걷는다!"

"오오~"

"어머나!!"

짓궂게 젊은 새댁을 바라보면서 물었다.

"이 말, 틀려요?"

"어디서 어렴풋이 들었던 기억이 있어요! 그때도 틀린 말은 아니라고 생각했었어요! 대체적으로 여자의 특성을 잘 짚어낸 말인 것 같기는 해요!"

"우리 젊은 붕어빵 사장님! 잘 새겨들어야 해요! 언제나 아내를 잘 알아줘야 합니다. 남편이 아내를 잘 알아주지 않는데, 만일 딴 녀석이 와서 내 아내를 잘 알아준다? 이거 사단이 일어나는 겁니다! 그렇지요?"

"네! 아내를 평생 잘 알아주도록 하겠습니다. 사장님!"

"자기야! 고마워!"

"'알아준다!' 이 말이 관계라는 단어와 대단히 밀접한 거 잘 알지요?"

"그렇게 돼요?"

"그럼요! 서로가 서로를 잘 알아주는 사이! 이것이 관계지요. 이 밖에도 관계라는 말은 다양하게 쓰여요! 부부간의 섹스도 '관계'라는 말로 쓰이잖아요! '부부관계를 얼마나 자주 하십니까?' 이렇게 말입니다!"

"그렇게 쓰여요?"

"저희들은 잘 몰랐어요!"

"3년 가지고는 잘 모르지요! 좀 더 부부관계 연륜이 쌓여야 알게 됩니다! 허허허!"

"오늘은 붕어빵 많이 팔았어요?"

"예, 그럭저럭 손익분기점은 유지하는 것 같아요! 손해 안 난 것만도 다행이지요!"

"애초부터 이거 해서 뭐해보겠다는 것은 아니었지요?"

"그렇습니다! 사장님! 한 해 겨울 빈둥거리느니 한번 해 보자! 이런 거지요 뭐!"

"지난번에 '관계는 용서를 먼저 하고 시작하는 맺어짐이다!' 그거였는데, 어때요?"

"깊이, 많이 생각해 보지는 않았지만, 틀리지는 않다고 여겨집니다!"

결혼했으나 아이는 갖지 않겠다는 젊은 부부의 말에 자녀를 갖지 않겠다는 결정의 첫 번째 의미를 용서로 시작해서 관계로 풀어냈었다. 물론 젊은 부부들에게 내가 내 속에 있는 것을 풀어놨지만 말이다. 그런데 오늘도 어쩔 수 없이 내 생각 위주로 이야기를 해야 할 것 같다.

"결혼하여 아기를 낳지 않겠다는 것의 의미를 헤아려볼 때 첫째로 생각해 볼 수 있는 것이 용서, 둘째가 관계라는 말을 지난번에 했어요! 세 번째로 어떤 의미가 있을까, 한번 생각해 봤어요?"

"아내는 직장에 출근하느라 한 주간 내내 바빴고요! 저는 붕어빵 준비는 뭐 어려운 것은 없지만, 저도 저희 가정을 잘 이끌어갈 수 있는 일로 어떤 것을 해야 할까 고민하면서 이것저것 살펴보고 있었습니다!"

"오늘은 부부가 아이를 낳는 능력! 그 능력이 어떤 것인가?

그 독특성은 무엇인가?
이 점이 또한 흥미로울 것 같아요!"
"그것도 능력이라 해야 하나요?"
"요즘 사람들이 이렇다니까! '아이 낳는 능력!' 이거 대단한 건데, 대부분 사람들은 그걸 능력이라고 의식하지 않는 경향이 있어요! 아이를 낳을 수 있다는 것, 그 능력이야말로 사람의 능력 중에 최고의 능력 아닐까요?"
"그렇게 되나요?"
"생각해 봐요! 부부가 할 수 있는 수많은 능력 중에서 어떤 능력이 가장 위대할지, 우리 젊은 붕어빵 포장마차 사장 부부가 평생에 걸쳐 해낼 수 있는 능력을 한번 나열해 볼까요?"
"열심히 일해서 돈 벌어오는 능력!"
"가장 먼저 떠오르는 능력이지요! 그 다음에 또 어떤 능력이 있나요?"
"집에서 살림하는 능력!"
"그렇지요, 남편이 됐든, 아내가 됐든 누구 한 사람은 집안 살림을 책임져야 하겠지요! 바로 그 능력!"
"자기계발 하는 능력!"
"그렇지요, 자기계발을 열심히 해야 미래사회에 대비할 수 있겠지요!"
"사람의 능력이라는 것이 경제활동과 연관되어 있는 것 말고는 딱히 능력이랄 게 없는 것 같아요 사장님!"
"맞아요! 그런데 결혼해서 아이를 낳는다?
아이를 낳을 수 있다?
이 능력은 경이로운 능력이 아닐까요?
우리 젊은 붕어빵 포장마차 사장님 부부도 이 능력이 있지요?"

"이 사람이나 저나 건강하고 젊으니까 마음만 먹으면 지금이라도 임신이 가능하리라고 봅니다. 그러나 그 능력을 '쓰자, 쓰지 말자!' 이렇게 말하면서 낳지 말자고 결정한 것은 아닌 것 같아요!"

한국말의 대화 투에는 '~같아요!'가 참 많이 쓰인다.

"사람의 능력 중에는 많은 것이 있지만, 아이를 가질 수 있고, 낳을 수 있다는 것은 상당히 신비로운 능력이 아닐까요?"

"그것이 신비로운 것인가요?"

"애완견을 키우면서 새끼를 낳도록 해 본 경험이 있어요! 손바닥에 올려놓을 수 있을 만큼 아주 작은 강아지를 낳는데, 그 강아지가 매일매일 자라서 꼬물꼬물 기어 다니다가 이내 네발로 걷고, 어미 개가 새끼를 옮길 때는 입으로 목덜미를 물어서 옮기는 데, 그걸 보면서 어떻게 저렇게 옮기는 것을 알게 되었을까? 신기하고 신비하다는 생각을 했지요!"

"그렇겠네요! 저희는 애완견을 키워본 경험은 없어요!"

"나는 딸 아들 둘을 낳아 키웠는데요! 하기사 나도 그때는 아이 낳는 일이 신비롭다고까지는 여기지 않았어요! 남들도 결혼하면 다 아이를 낳으니 우리도 당연히 그래야 한다고 생각했지요! 그런데 아이들 결혼시키고 손주를 보면서 신비하다는 것을 그때 느꼈지요!"

"아~ 그러세요?"

"그런데, 사장님은 어떤 일 하세요?"

"왜요, 그게 갑자기 궁금해졌어요?"

"네, 말씀도 잘 하시고, 붕어빵도 좋아하시고…."

"붕어빵은 참 좋아하지요! 제가 뭐 하는 사람 같아 보여요?"

"글쎄요, 교수님 같기도 하고, 고위 공무원 같기도 하고…."

"근데요, 그걸 너무 일찍 알면 붕어빵 맛이 사라져요!"

"그래요?"
두 부부가 눈을 동그랗게 뜨면서 깔깔 거리고 웃는다.
"나는 붕어빵 맛에 조금이라도 손상이 가게하고 싶은 마음이 없어요!"
"네, 그렇게 하세요! 맛있게 드셔야지요!"
"붕어빵 굽는 두 젊은이는 어차피 붕어빵 포차 사장임이 드러나 있지만, 한 쪽은 무얼 하는 사람인지 잘 모르는 '관계'에서 이야기 하는 것도 재미있어요!"
"네, 저희도 재미있어요! 사장님이 계시니까 지나가던 분들도 스스럼 없이 포차 안으로 들어오셔서 어묵도 드시고, 붕어빵도 더 사 가는 것 같아요!"
"그걸 어떻게 아셨어요?"
"포차를 시작하려면 그쯤은 알고 시작해야지요!"
"아, 그러면 내가 고마운 존재인 거를 알고 계신다 이거지요?"
"네! 그럼요!"
"그럼 됐어요! 저는 붕어빵 사러 오는 손님들이 먼저 싸 가지고 가도록 배려하면서 사이사이에서 한 개씩 먹을 테니까 내가 몇 개를 먹는지 잘 세어야 돼요! 나는 먹다가 나중에 몇 개 먹었는지 까먹는 수가 많으니까!"
"알겠어요! 그걸 제대로 못 세면 이 장사 못한다고 하더라고요!"
"그런 것도 다 알고 시작했구나!"
"그럼요!"
"손님이 붕어빵을 몇 개를 드셨는지 정확하게 헤아려 돈을 받는 것도 대단한 능력이지요?"
"네! 어묵은 꼬챙이 개수를 세면되는데, 붕어빵은 세기가 좀 애매할 때가 있어요!"

"어쨌든 포차 사장이 되려면 서서 먹고 가는 손님이 붕어빵을 몇 마리 먹었나? 잊지 않는 것도 대단한 능력입니다. 그런데 하물며 아기를 낳는다?"

"맞아요! 사장님 말씀 듣고 생각해 보니 아이 낳는 일은 정말 신비의 영역인 것 같아요!"

"그 능력이 얼마나 신비로운지 경험해 보지 못한 사람은 절대 모릅니다!"

"그건 저희도 그렇다고 생각해요! 그러면 그게 얼마나 신비한 능력이에요?"

"이런 말 들어봤을 겁니다. 아이들은 '우리 아빠가 최고다, 우리 아빠는 모든 사람들을 다 이긴다. 그리고 모르는 것이 하나도 없다. 못하는 것도 없다!' 이렇게 생각한다는 것!"

"그럼요, 들어봤지요! 그리고 아이들이 어느 정도 자랄 때까지는 자기 부모가 이 세상에서 최고인 줄 알겠지요!"

"맞아요! 그런데 여기서 '뭐든지 다 할 수 있다.' '뭐든지 다 안다!' 이걸 네 글자로 하면 어떻게 될까요?"

"네?"

"모르는 것이 하나도 없다. 뭐든지 맘만 먹으면 다 할 수 있다!"

"글쎄요!"

"여보, 그 뭐지? 어디서 들어본 거 아니야?"

"잘 한번 생각해봐요! 사자성어로 그게 뭔지!"

"알쏭달쏭해요!"

"알았다. 대학 때 교양과목으로 종교철학을 들었어요! 그거 혹시 '전지전능' 아녜요?"

영특하게 생긴 아내가 눈동자를 반짝거리더니 정답을 집어냈다.

"맞아요! 전지전능입니다. 전지는 모든 것을 다 안다. 전능은 모든 것을 다 할 수 있다!"

"당신 짱인데? 그걸 다 알아맞히고 말야!"

"남녀가 결혼해서 아이를 낳고, 아이를 기르는 능력! 그건 '전지전능에 해당하는 능력이 맞다!' 이렇게 곁에서 누군가가 증명을 해 줍니다! 그게 누구일지 알아맞혀 보세요!"

"글쎄요?"

"태어난 아기가 증명해 주잖아요!"

"아기가 태어나 자라면서 '우리 아빠는 뭐든지 다 해!' '우리 엄마 아빠는 모르는 것이 없어!' '우리 아빠는 다 이겨!' 이거 말씀하시는 거지요?"

"그렇지요! 이것이 절대적인 전지전능은 아니지만, 아이가 점점 자라서 우리 엄마 아빠도 이웃 아저씨 아줌마와 다를 것이 없다는 것을 깨달을 때까지, 아빠도 못하는 것이 있고, 엄마도 청소를 잘 안하고 지저분하게 하는 분이라는 것을 깨달을 때까지, 부모는 자녀에게 전능하고 전지한 존재가 맞지요?"

"맞아요!"

"저도 무슨 뜻인지 이제 알겠어요, 사장님!"

"지금 두 분은 그 전지전능을 포기 했다는 거 깨달아져요?"

"네에~"

부부가 눈을 마주치면서 대답한다.

"사장님 말씀을 참 재미있게 하세요!"

"나는 젊은 부부가 이 전지전능을 포기한다는 말을 들으면 그 점이 아쉬워요!"

"그런 관점에서 보면 그렇기도 하겠어요! 그러나 그 전지전능은 아이들이 어렸을 때 잠깐 뿐이잖아요, 부모라고 해서 전지전능한 것이 아니잖아요! 아이들의 착각 속에서 전능일 뿐인데요!"

"짝퉁 전지, 짝퉁 전능임을 빨리도 눈치 챘어요! 젊은이답게요! 그런데, 이 붕어빵도 짝퉁이라는 거 알고 시작했지요?"

"그렇지요! 우스갯소리로 '붕어빵에는 붕어가 없다!' 이러잖아요!"

"맞아요! 이 붕어빵은 분명히 짝퉁 붕어입니다. 엄밀히 따지면 짝퉁 축에도 못 들지요, 무늬만 붕어잖아요?"

"그렇습니다!"

"그런데, 지금 두 부부가 겨울 한 철 이 짝퉁 붕어빵으로 돈을 벌겠다고 나섰으니 재밌지 않아요?"

"재밌어요! 사람들이 우리 포장마차에서 사가는 제품이 결국은 짝퉁이네요! 우리는 그걸로 먹고사는 셈이 되었고요!"

"그러니 아이들이 잠깐 부모를 전지전능한 존재로 인식한다고 해서 그걸 우습게 여기면 안 될 겁니다. 아이들이라고 해서 비인격적 존재라고 할 수 없습니다. 아이들도 잉태되는 순간부터 우리들 성인과 동등한 인격체로 봐야 합니다. 그런 아이들이 태어나서 한 동안 '엄마 아빠는 전지전능하다'라고 인정했다면 '부모는 전지전능하다,' 이것은 검증된 명제가 아닐까요?"

"사장님 철학교수님이신가 봐요! 그렇지, 자기야!"

"그러신 것 같기도…"

"좀 더 들어보시면 내가 누군지 들통이 날 테니까 그건 궁금하게 여기지 마시고요, 『지금 알고 있는 걸 그때도 알았더라면』[1]이라는 시집 제목이 있는데, 혹시 들어봤어요?"

얼른 화제의 방향을 틀었다.

"네 알고 있어요! 류시화 시인이 엮은 시집 같은데, 자세히 읽지는 않았지만 대충 본 기억은 있어요"

"붕어빵 굽고 있는 현재 시점에서 알고 있는 대부분의 지식들을 결혼 전에 이미 알았더라면 지금 내가 얼마나 달라져 있을까? 그렇지요? 아마 두 분은 이렇게 추운 날 붕어빵 안 구워도 됐을지도 몰라요!"

"그건 맞다고 생각합니다. 시간이 지나고 보면 후회되는 것들이 많지요! 우리가 알고 있는 지식이 분명하고 확실한 것이라고 단정하는 것도 어쩌면 어리석을 수도 있겠다는 생각은 해 본 적 있어요! 그러나 사회생활이 바쁘다보니 그때그때 항상 자기가 옳다고 생각하고 행동하는 것 같아요!"

"꽤 깊은 명상을 한 겁니다. 그 정도면요, 그렇지요?"

아내의 말에 공감하면서 남편의 얼굴을 바라보았다.

"저는 그런 생각 안 해 봤는데, 아내가 저보다는 생각이 깊은 것은 맞아요!"

"남편이 아내를 인정해 줬어요! 그래서 아내가 남편을 사랑하게 되었나보다!"

"맞아요! 남편은 나에게 공감을 잘 해 주는 편이에요! 내가 아기를 낳지 말자 했을 때도 처음에는 반대하는 듯하다가 얼마 안가서 '그러자'고 해 줬거든요!"

---

[1] 시인 류시화 씨가 엮어낸 잠언집, 1998년 열림원 발간.

"어쨌든 우리가 '부모는 전지전능한 존재가 맞다' 합의가 되었네요?"

"네, 뭐 절대적인 것은 아니지만, 상대적으로라도 부모는 자녀에게 전지전능한 존재다. 단 아이들이 철이 들 때까지만! 이렇게 되나요?"

"그렇지요! 그런데 여기서 한 번 더 생각해 보고자 하는 것이, 우리가 알게 된 지식이 몇 살이 될 때까지 정확할까요. 부모가 전지전능하다고 믿다가 나중에는 아니라는 것을 알았단 말이에요! 그럼 두 분이 지금 알고 있는 지식도 언젠가는 허구라고 판명이 날 것들이 꽤 많을 수 있다는 가설을 세워볼 수도 있지 않을까요?"

"사장님께서 아까 말씀하신 『지금 알고 있는 걸 그때도 알았더라면』이라는 시집을 견주어 생각해 볼 때, 우리가 아는 지식이 절대적이라고 할 수는 없다고 봅니다!"

"맞아요! 저는 가끔 이런 생각을 할 때도 있어요! 사람의 수명이 지금처럼 백 세가 아니라 이백 세다! 그러면 백 세 때 알고 있는 것이 나중에 이백 세 무렵에 가서는 '우리 엄마 아빠는 전지전능하다'고 여겼던 것과 별 차이가 없어질 것입니다. 그렇지요?"

"호호호! 그럴 수도 있을 것 같아요!"

"우리가 만일 이백세 를 산다면, 물속에 사는 붕어가 짝퉁이고, 지금 내 입에 들어가는 이 붕어빵이 진짜 붕어가 될 수도 있어요!"

"에이~ 사장님, 그건 좀 그렇지만, 하여간 재미있는 발상이신 것 같아요!"

하여간 젊은이들은 '같아요!'를 빼면 대화가 잘 안 된다.

"그러니 '부모는 자녀에게 전지전능하다' 이 명제를 우습게 여기면 안 됩니다! 알았지요?"

"네!"

"그런데 왜 그 전지전능함을 포기하려고 하세요?"
"…"
한동안 부부가 서로 마주보다가, 아내가 재치 있는 말을 한다.
"알았다. 이제 보니 사장님은 한국저출산대책위원회에서 일하시는 분인가 보다!"
"맞아!"
둘이서 까르르 웃는다.
"맞혔을 수도 있어요! 그런데, 잠깐, 한국에 정말로 저출산대책위원회, 그런 게 있던가요?"
"자기야 어디서 들어보지 않았어?"
"그럴 것 없이 여기서 지금 대한민국 저출산대책위원회를 만듭시다!"
"그럼 안 돼요! 그러면 저더러 애를 낳으라는 얘기가 되는데요!"
"그렇게 되나? 암튼 재밌지요?"
"네 재밌어요!"
"내가 너무 있었나보다! 이제 포장 걷고 집에 가야 할 시간 같은데! 내가 몇 마리 먹었지요?"
"자기야, 몇 마리 드셨지?"
"말씀만 많이 하셨지 다섯 개 밖에 안 드셨어!"
"세 개 천원이니까 내가 한 개를 더 가져 가고 2천 원 드리면 되겠네!"
"이제 손님도 끊기고 저희도 집에 갈 시간이니까 여기 남은 것도 싸 드리겠습니다."
"아녜요, 아녜요! 나는 봉지에 넣어 온 붕어는 안 먹어요! 금방 빵틀에서 나온 펄떡펄떡 뛰는 숨 쉬는 붕어만 먹습니다! '아니다!' 그거 다 싸주세요! 집에 있는 전지전능한 아내에게 주면 되겠네!"

"사장님 고마워요! 떡이까지 해 주시고요! 그런데 연락처라도 주시고 가세요! 오늘 고마운 말씀 많이 해 주셨는데요!"

"에이~ 그러면 재미없어요! 오늘은 여기까지 하고, 이삼일 안으로 또 오늘 이맘때쯤 해서 붕어빵 먹으러 올게요! 그날 남은 이야기 뒤이어서 할 터이니 오늘 어디까지 했는지 잘 기억해 두어야 해요!"

"네 감사해요! 사장님, 눈길 미끄러운데 잘 들어가세요!"

"두 분도 오늘 저녁 전능자가 되는 꿈을 꾸시길!"

"알겠습니다!"

"아니야, 안 돼! 자기야!"

5. 자식의 의미

　금년 여름은 무던히도 덥다. 분명히 작년 여름보다 덥다. 지구 온난화 문제가 살갗에 와 닿는다. 어느 해 여름이었던가, 그 해에는 별로 덥다는 느낌을 가져보지도 않은 채 귀뚜라미 소리를 듣기도 했었는데, 금년 여름은 그렇지 않다. 기상청에서는 한국의 봄과 가을이 점점 실종되고 있다고 보도했다. 겨울에서 여름으로 직행하고 여름에서 겨울로 곧바로 간다는 소리다.
　정말 그렇게 될까?
　지난겨울은 저 지난 해 겨울보다 분명히 추웠었다. 겨울에도 어느 해인가는 별로 춥다고 느끼지 못한 채 봄을 맞이한 기억이 아직도 있는데, 암튼 지난겨울은 눈도 많이 오고 춥기도 유별났다. 그날도 나는 저녁 한때 붕어빵으로 요기를 하면서 붕어빵 사장 앞에서 익명성을 유지한 채 나누는 담론을 즐기고자 집을 나섰다. 사나흘 전 아이를 가지지 않겠다고 해서 시작된 대화의 끄트머리가 아직 많이 남아 있고 해서 앵글부츠를 신고 눈길을 나섰다.
　먹자골목을 지나가는데 음식점마다 유리창 안쪽 면에 뿌옇게 서린 김 너머로, 테이블에 마주앉은 일행들의 식탁마다 서로 간의 우애가 정겹게 어우러지고 있었다. 간간이 세어 나오는 온갖 양념으로 버무려진 음식 냄새가 맛있게 코를 찌른다. 찬바람이 쌩쌩 부는 날 뜨끈한 방바닥에 외투를 벗어서 개켜두고 질펀하게 앉아, 실컷 먹어보자고 서로 약속할 수 있다는 것은 분명히 축복이다.

그 앞을 지나 붕어빵 포장마차로 향하면서 음식점 창 안으로 펼쳐지는 사람들의 정겨운 얼굴들에 괜히 시샘해 본다. 그러나 나도 저들처럼 젊은 붕어빵 사장 부부와 진지한 대화를 나누면 부러울 것 없겠지!

먹자골목을 꺾어져 나오니 도심 한 가운데 을씨년스럽게 들어앉은 녹지공원이 있었다. 그 모퉁이를 돌아 포장마차를 향했다. 전봇대 가로등 불빛 우산 속으로 눈발이 간간이 날아들고 있었다. 미끄러져 넘어지기라도 할까봐 바닥이 유난히 울퉁불퉁한 부츠를 신었는데도 다져진 눈은 여간 미끄러운 것이 아니었다. 조심조심 땅만 보고 포장마차에 다가가는데 어쩐지 포장마차에서 새어나와야 할 불빛이 안 보인다. "어?" 하고 고개를 들어 포장마차 쪽을 보니 불이 꺼져 있다. 포장마차 중동을 검은색 묶음 줄 두어 가닥이 조이고 있다. 포장마차가 꽤 큰 모래시계 모양으로 허리띠를 하고 서서 '휴업 중'을 알리고 있다.

그 앞에서 한 참을 서성거렸다. 젊은 부부와 만나서 대화할 꿈으로 오후 내내 부풀어 있었는데, 손가락이 닿는 부분부터 쪼글쪼글 오그라드는 바람 빠지는 풍선 같다.

'어떻게 하지?'

잠시 생각하다가 방향을 틀었다. 마음에 썩 내키지는 않지만 오늘은 그 붕어빵 포장마차에 갈 수밖에!

그 포장마차에는 나와 동갑내기 여인네가 붕어빵틀을 신경질적으로 회전시키면서 빵을 굽는다. 한 번 가서 먹어 본 사람은 다시 찾고 싶지 않은 붕어포차다.

'나이가 폭력'이라고 했던가?

그 아주머니는 '고객은 왕'이라는 고객만족과는 담을 쌓은 분이다. 먹고 싶으면 사 먹고, 싫으면 관두라는 태도로 붕어빵을 구워낸다. 그래서 그런지 붕어빵 색깔도 거무튀튀하다. 노릇노릇 제때 꺼내야 하는데 늘 시간초과로 붕어빵이 탄 듯해서 먹자니 구미가 안 당기고, 그렇다고 버리기에도 아까운 붕어빵! 그것을 기역자로 구부러진 쇠꼬챙이로 툴툴 털어서 빵틀 위 야트막한 시렁에 진열한다.

"이거 너무 탄 거 아닌가?"

"아니에요! 탄 거 아니에요! 이런 것이 더 맛있어요!"

아주머니 언설은 필요 이상으로 늘 당당하다. 먹기 싫으면 관두라는 태도다. 그래서 발길이 잘 안 갔지만 오늘은 어쩔 수 없다. 저녁 식사로 붕어빵 아닌 다른 메뉴로 바꿀 생각이 별로 없기 때문이다.

찬바람 눈발에, 길도 미끄러운데 한 참을 걸어야 했다. 멀리 포장마차 불빛이 보인다. 다행이다 싶었다. 저 집마저 허리를 동여매고 휴업을 한다면 오늘 저녁은 나도 허리띠 졸라매고 빈속으로 건너뛰어야 할 판이니까.

"안녕하슈?"

"야~"

누가 고객이고 누가 주인인지 모를 인사를 교환하면서, 휘장을 들추고 들어서니 앞 손님이 먹고 간 어묵 꼬치 여남은 개가 무질서하게 간장 종지 옆에 흐트러져 있다. 붕어빵 재고가 많지 않아서 그나마 다행이다. 어떤 날은 빵틀 위 시렁에 나란히 세워진 붕어빵 대여섯 줄이 몇 시간이나 그 자리를 지키고 있었던지 껍데기가 이미 단단히 각질을 이루고 있어서, 차라리 식어버린 붕어빵 전자렌지에 데워낸 것만도 못할 때도 있었다.

"이건 좀 딱딱한 걸 보니 구운지 좀 되었나보다!"

"아녀요! 그거 금방 꺼내 논 거요!"

얼굴 가죽도 두껍다.

나의 붕어빵 연조가 자기보다 더 깊은데! 그걸 모르지 않으면서도 내가 붕어빵을 좋아는 해도 구워본 경험이 없음을 알고 은근히 무시하려고 든다. 그런 때는 내가 져 주는 수밖에 없다. 어느 땐가는 그런 아주머니를 내가 두둔한 적도 있다.

붕어빵을 먹으며 한담하고 있을 때, 젊은 여자가 붕어빵 2천 원어치를 싸 달라면서 들어왔다. 마침 구워놓은 붕어빵이 딱 여섯 개였다. 아주머니는 종이봉투에 집게로 붕어빵 여섯을 세어 담는데, 내가 보기에도 좀 탔다 싶은 것 하나를 보면서 젊은 여자가 한 마디 했다.

"그건 너무 탄 거 같은데, 다른 거 없어요?"

"아! 그거 나 주세요! 내가 먹을게요, 나는 이렇게 조금 탄 듯한 붕어빵도 괜찮던데!"

그리고 그걸 내가 집어 들었고, 아주머니는 빵틀 뚜껑을 열고 하나를 꺼내어 여섯 개를 채워주고 2천 원을 받았다.

약간 탄 것이 더 맛있을 수도 있다는 말이 매양 틀리지만은 않지만, 내가 그렇게까지 친근하게 굴었는데도, 여사장님은 나를 아는 사람으로 취급해 주지 않았다. 갈 때마다 처음 보는 손님처럼 데면데면하다.

겨울 한철 장사라서 그런가?

종이컵 줄이 대롱대롱 매달린 데서 한 개를 꺼내어 빵틀 앞 탁자에 놓고 국자를 들어 어묵 국물을 퍼서 안 흘리게 따르고 국자를 조심스럽게

놓는데, 국자 손잡이 끄트머리 구멍에 고무줄로 매달아 놓은 것이 꼬였든지 국자 손잡이가 한 바퀴 빙그르 돈다.

조심조심 어묵 국물로 입안을 적시고 붕어빵 한 개를 베어 문다. 언제 먹어도 나는 붕어빵이 맛이 있다.

내가 서 있는 동안에 손님이 오면 나는 무조건 그 손님에게 양보한다. 붕어빵 3천 원어치를 달라는데 몇 개가 모자라면 나는 붕어빵 먹기를 멈추어준다. 다 채워서 그 손님을 보내고 나서 새로 구워 올리는 붕어빵을 집어 든다. 그 붕어빵이 사실은 제일 맛있다.

"우리가 태어난 해가 단기로 따져서 쌍 팔년인 거 모르지요?"

"그게 먼 소리다요잉?"

"우리 양띠들이 태어난 해가 1955년인데요, 그 해는 단군기원으로 하면 4288년이거든요! 그래서 사람들이 그 해를 '쌍 팔년, 쌍 팔년' 했어요!"

"그런 거는 알아서 어디다 쓴다요?"

"써 먹을 데가 없긴 해요, 그런데 1988년 서울 올림픽 때문에 쌍 팔년을 뺏긴 거는 좀 억울하지 않아요?"

"억울할 것도 쌨소잉! 그것이 다 억울키로~"

"그래도 이런 거, 나 아니면 누가 가르쳐 주겠습니까?"

"그런 거 갈켜 줄라 말고 썩을 놈의 카드 수수료나 없애주면 좋겠소!"

또 그 얘기다!

이 붕어포차 여장부 사장님은 카드 수수료가 철천지원수다. 서울에서 식당 하다가 재미 못 보고 이곳으로 내려왔다. 여기저기 물색하다가 손님이 기울기 시작한 식당을 하나 인수하여 그럭저럭 꾸려가다가 어느 날 카드 수수료 문제로 카드사와 대판거리 싸움을 했다는 것이다. 그날은 돈이 급해서, 사나흘이 지나야 넘어오는 카드결제 대금을, 특별히 좀 댕겨서 당일에 줄 수 없겠냐고 부탁을 하다가 급기야 열이 치올라 전화통 붙들고 한 시간 넘도록 싸움질을 했다고 한다.

"냉면 한 그릇 팔면 그깟, 돈 7천 원 8천 원인데 우라질 카드 수수료는 3퍼 4퍼나 깡을 해 가면서 돈이 급하니 오늘 좀 입금시켜 줄 수 없냐고 통사정을 했는데, 안 된다고 해서 작심하고 한 바탕 했지라!"

겨울 초입에 이 붕어빵 포차에 내가 처음 들렀던 날 붕어빵 세 개째 먹고 있을 때, 걸걸한 여사장님이 신세타령 끝에 카드 수수료 싸움 얘기를 꺼냈다. 그 말을 들으면서 빵 굽는 아주머니 얼굴을 자세히 뜯어보니 겉모습은 나보다 더 늙어보였지만 아무래도 나와 비슷한 연령대인 것이 느껴졌다. 그래서 내가 빙그레 웃으면서 말을 던졌다.

"사장님! 내가 말이요잉, 양띠걸랑요! 우리 양띠들은 참 불행한 세대예요, 전쟁 끝나고 집집마다 '삐약삐약' 새끼들을 까기 시작하는디, 그 바람에 태어나, 학교에 들어가니까 한 반에 일흔 명이 넘어요! 그놈의 콩나물 교실! 그때는 그것이 콩나물 교실인지 뭔지도 몰랐고, 그저 아이들 많은 것이 당연한 줄로만 알았지만, 요즘 생각하면 기가 막혀요!"

내가 얘기를 걸쭉하게 시작하자 여걸 사장님이 빙그레 미소를 지으면서 나에게 호감 띤 태도로 들어준다. '옳거니! 이 아짐씨가 분명히 내 연배렷다!'

"위로든 아래로든 나하고 한두 살 차이밖에 안 되겠는데요?"

내가 넘겨짚었다!

"이런데서 갑장을 만나요잉!"

붕어빵을 먹다가 비로소 눈을 마주치면서 껄껄껄 웃었다.

"반갑습니다!"

"네, 별꼴이네요!"

그래서 나와 동갑인 것을 알게 되었다. 그날 이후로 우리는 구면이 되었다. 그날 거기까지는 좋았는데, 이 아주머니 붕어빵 굽는 솜씨하며, 손님을 맞이하는 태도와 말투에 호감이라고는 찾아보기 어려운 것이 흠이다. 그러나 이만한 말 상대를 만난다는 것도 쉬운 일은 아니다. 더 들어가 보자!

"자식들은 다 어디 살아요?"

"지들 뭐 다 뿔뿔이 흩어져서 살아요! 서울에 시흥에 하남에!"

"셋이나 됐어요?"

"어쩌다 보니, 남들은 다 둘을 낳고 그만두는데, 우리 집 영감쟁이는 예비군 훈련 가서 수술[1]도 마다하고 와 가지고는 또 하나 만들고, 그제서야 가서 수술하고 오더라고요! 하이고 웬수!"

"그래도 요즘 와서 보니 셋 낳은 게 얼마나 애국한 거예요? 지금 한국이 인구 절벽이라고 난리가 아니잖아요?"

"그렇다고 누가 상 주는 것도 아니고, 새끼들 키우니라고 고생만 쎄가 빠지게 하고! 그렇다고 남들 보란 듯이 잘 키우지도 못하고! 그것들도 못 배워서 다들 힘들고, 어렵게 살아요!"

"그래도 부모님 용돈이라도 조금씩 보태는 줄 거 아닙니까?"

"용돈이요? 바라지도 않아요! 저희들 그냥 소리 없이 잘 살면 그것으로 만족해야지요! 아직은 내가 이렇게 푼돈이라도 벌고 있으니께!"

"그래도 지금까지 그것들 바라보고 살아왔잖아요!"

---

[1] 1970년대 후반부터 1980년대에 이르기까지 한국 정부는 산아제한의 일환으로 예비군 훈련에 소집된 전역군인들을 대상으로 정관 시술을 권장하고 시술에 응하는 예비군은 무료로 해 줄 뿐 아니라 조기 퇴소 시키는 특전을 베풀었다.

"그야 그렇지요! 굶으면서도 배고픈 줄도 몰랐고, 그것들 입에 밥 들어가는 것을 최고의 행복으로 알고 살았지요! 갑장 선상님은 뭐 신수가 훤한 거 보니까 우리처럼 고생고생하면서 산 사람들 심정 모를 거예요!"

"제가 그렇게 보여요?"

"나도 사람 보는 눈이 조금 있지요! 내가 보기에 갑장 양반은 고위직에 있는 것 같은 본새예요! 안 그런가요? 다른 거는 말고 그놈의 카드 수수료나 좀 어떻게 해 봐요! 돈 없이 장사하는 서민들 허리나 좀 펴도록!"

"허허허! 내가 그렇게 높은 사람으로 보입니까?"

"아니면 말고!"

또 서로 마주보면서 붕어빵에 침 튀기지 않도록 입을 가리고 박장대소했다.

"그래 자식 키울 때 힘들지 않았어요?
괜히 낳았다고 후회된 적은 없었어요?"

"왜 후회를 한다요?
고것들한테 죄 짓는 소리지! 한 번도 그런 생각은 안 했어요! 어떻게든 잘 키워야 한다는 생각만 하고 살았어요! 우리 때는 다 그랬잖아요!"

"맞아요! 우리 때는 다 그랬지요! 새끼들이 최고였지요! 그것들을 위해서 살았지요!"

"새끼들 키울 때는 자식들 말고는 세상에 다른 것은 아무것도 눈에 안 들어왔어요! 오로지 자식들 생각, 남들에게 손가락질 받지 않고 기죽지 않게 키워야겠다는 생각만 했지요!"

"참 애 많이 쓰셨습니다!"

그때 젊은 엄마가 초등학교 이삼학년이 됐음직한 아들 손을 잡고 포장마차 안으로 들어왔다. 내가 주인을 대신해서 영접 인사를 했다.

"어서 오세요!"
"예! 얘가 어묵이 먹고 싶다고 하네요!"
"어묵이 먹고 싶어?"
"예에~"

어묵 꼬치를 건져들고 후후 불어가면서 맛있게 먹는다. 포장마차에서 먹는 어묵에는 늘 간장이 문제다. 몇 년 전만 해도 간장 종지에 간장을 반 넘어 채우고 거기에 갖은 양념을 만들어 내놓으면 손님이 몇이나 거쳐 갔든 주저 없이 어묵 꼬치를 그 간장 종지에 찍어 먹었다.

그것이 비위생적이라는 여론이 인 것은 수 삼년이 지나서였다. 그래서 한 때는 칙칙이 플라스틱 병에 간장을 채워서 각자의 꼬치에 간장을 뿌려 먹기도 하다가, 또 김 구울 때 기름 찍어 김에 바르는 솔을 간장 그릇에 담가두어 간장을 찍어서 어묵에 발라 먹기도 했다. 그것도 비위생적이라 해서 한때는 간장을 찔끔찔끔 포장한 줄줄이 비닐봉지가 잠깐 나오기도 했다. 손님들은 포장마차 기둥에 매달린 간장 한 칸을 떼 내어 귀퉁이를 째고 어묵에 묻혀 먹었다. 그러나 그것도 자취를 감춘 지가 꽤 되었다.

꼬맹이 손님은 그런 것에는 아랑곳 하지 않고, 엄마가 조그만 접시에 한 숟가락도 안 되는 양으로 바닥에 따라놓은 간장에 어묵을 대는 시늉만 하고 맛있게 먹는다.

"아저씨가 붕어빵 사 줄 테니 이것도 몇 개 먹어볼래?"
"고맙습니다!"
"감사합니다!"

남아있는 붕어빵 서너 개를 봉지에 담아 주었더니 모자간에 똑같이 인사를 한다.

자식은 부모에게 어떤 존재일까?

때로는 생의 목적이 되기도 한다. 하루하루 살아가는 활력소가 되기도 한다. 부모의 존재이유가 되기도 했다가 부모의 전부가 되기도 한다. 자식을 위한 희생이나 고생은 기억하지 않는다.

자라나는 자식들이 아무리 속을 썩여도, 회초리 한 대 때려주었다가 얼굴에 눈물자국도 씻지 않고 잠든 녀석을 바라보면서, 세상의 모든 고난을 씻어내기도 한다. 잠이든 아이들을 어루만지면서 잘못을 반성하기도 하고, 세상 잘 못 살아온 것을 되짚어 후회하기도 하고, 인생의 꿈을 재확인하기도 한다.

자식들이 웃으면 부모도 웃었다. 울면 가슴속 깊은 곳에서 따라 울었지만 내색하지 않고 자식을 추슬렀다. 왜 그렇게 해야 되느냐고 묻는 부모는 아무도 없었다. 하루가 다르게 커가는 자식을 보는 것은 세상을 사는 의미 그 자체였다.

아무리 개구쟁이 짓을 해도 겉으로는 꾸중하지만 속에서 차오르는 뿌듯함을 그 무엇과 바꿀 수 있단 말인가?

그 벅차오름보다 더한 충만이 세상 어디에 있을까?

한국의 전후 세대들은 바글바글 태어나, 바글바글 자라 결혼하고, 부모 세대를 본받아 묻지도 따지지도 않고 생기는 대로 낳고자 했지만 '아들 딸 구별 말고 둘만 낳아 잘 기르자!' '잘 키운 딸 하나 열 아들 안 부럽다.' 정부시책의 잔소리에 견뎌낼 재간이 없었다. 정관수술이다 복강경 시술이다 하면서 피임을 권장했고, 내남없이 여기에 따랐다. 집집마다 둘을 낳는 것이 철칙이 되어버렸다.

그러나 하나를 낳든, 둘을 낳든, 더 낳든 간에 아이는 태어나는 순간부터 가정의 중심이 되었다. 도대체 자식이 뭔지!

곰곰이 생각해 보니 자식이 뭐냐?

그 의미는 개념이 아니라 체험이라고 해야 맞다!

우리가 정의하는 개념 중에는 실제 경험해 보지 않고는 정의할 수 없는 것들이 있다.

"자식이란 어떤 의미인가?"

이 질문에 언어로 적절하게 설명을 시도한다는 것은 애당초 당치 않다. 자식은 의미가 아니라 경험이다. 태어나는 순간 시작되어 부모나 자식이 모두 세상을 뜨기까지 계속되는 진행형일 뿐이다.

"자식은 ○○이다!"라고 정의하는 순간 오답이 된다. 한 문장 혹은 수십 수백 문장으로 정의했어도 아직 더 기록해야 할 의미들이 훨씬 더 많이 남아있기 때문이다. 부모에게 자식의 의미는 개념이 아니라 체험하는 순간들의 연속선상에서 이어지는 삶 자체이다.

붕어빵 포장마차를 걷을 시간이 될 때까지 동갑내기 손님과 여장부 사장은 서로 간에 한 치도 어긋남 없이 자식 이야기에 죽이 척척 맞았다. 어쩌면…

손님도 뜸해지고 붕어빵틀도 더 이상 돌지 않았다.

그러면 나는 얼른 눈치 채야 한다.

"내가 몇 개 먹었지요?"

"몇 개 먹었더라?"

"여기 있어요! 아까 꼬맹이에게 준 것까지 이 돈이 맞을 거 같은데요?"

"아니에요! 그렇게 많지는 않아요! 가만있어라 몇 개가 맞지?"

"됐어요! 많이 파세요!"

"아니에요! 거스름돈 받아가세요!"

문 닫을 준비를 하고 있음에도 나는 '많이 파세요'라는 인사를 한다.

그리고 얼른 포차를 나와 골목으로 꺾어들었다. 거스름돈 몇 푼 양보하고 나오면서 내가 대단한 인품을 가지기라도 한 듯, 속으로 으스대면서 집을 향한다.

자식 찬양에 열을 올리다보니 당초 계획한 수보다 붕어빵을 더 먹었던지 트림이 나온다. 꺼어꺽 하면서 지나는 길목에 유명 프랜차이즈 빵집이 있다. 밖에서도 안이 훤히 들여다보인다. 고급스러운 빵들이 먹음직스럽게 담겨있다.

저기에 비하면 붕어빵은 축에도 못 든다. 그러나 입맛 당기는 대로 다 먹다가는 나오는 배를 감당하지 못한다. 그 배를 내려다 보면서 고민하는 것보다야 붕어빵 몇 개에 만족하는 내가 오히려 행복하게 여김이 마땅하다.

6. 전지전능, 전능자

　오후에 볼 일이 있어 거리를 잠깐 나갔다가 그 포장마차가 포장을 펄럭이며 장사하고 있는 것을 확인하고는 내심 저녁 시간을 기다렸다. 상대가 나를 속속들이 알지 못하는 가운데, 내 하고 싶은 말을 늘어놓는 것은 나름 의미가 쏠쏠하다.
　'그렇게 말하는 너는 어떻게 살고 있는데?'
　이런 비아냥이 튀어나올 리 없기 때문이다. 내 삶의 퀴퀴한 부분을 모르는 젊은이는 내가 마음껏 수다를 떨어도 좋은 최적의 대상이다. 나는 그걸 누리고 싶다.
　붕어빵으로 채울 배를 충분히 비우고 맞춤한 시간에 찾아들었다. 젊은 사장이 오늘은 혼자서 포장마차 안을 깔끔하게 해 놓고 붕어빵을 부지런히 구워 팔고 있었다. 그날따라 손님들이 많았다. 젊은 청년들이 서너 명이 한꺼번에 들어와 어묵이며 붕어빵을 싹쓸이하기도 했다. 그런 때는 나는 한 쪽 구석으로 비켜주며 존재감을 최소화해 준다. 워낙 자리가 비좁다 싶으면 잠깐 포차 밖으로 나와 겨울 찬바람을 맞으면서 머리 속을 정리하기도 한다.
　"선생님과 일주일 전에 아이 낳는 능력이 '전능'이라는 말씀을 듣고 심심할 때 인터넷 백과사전에 들어가서 '전능'을 검색해 봤어요!"
 "공부를 열심히 하는 모범생이네요!"
 빙긋이 웃으면서 대답하는데 나에 대한 호칭이 사장님에서 선생님으로 바뀌어 있다. 굳이 정정해 주고 싶지 않았다.
 "백과사전에 무슨 얘기가 나와 있던가요?"
 "전능이라는 것은 백해무익한 개념이다!"
 "호오! 그런 말이 있어요?"
 "왜냐면요, 만일 전능자가 있다 치자, 그런데 그 전능자는 전능하기 때문에 자기가 들 수 없는 바위도 만들 수 있을 것이다.
 그래야 전능자가 아니냐?
 그래서 전능자가 자신도 들 수 없는 바위를 만들어낸 그 순간부터는, 그 전능자도 들 수 없는 바위가 있기 때문에, 그 전능자는 전능자가 아니다!"
 "듣고 보니 일리가 있어요! 전능자니까 자신이 들 수 없는 바위도 만들 수 있어야겠지요!"
 "그러니 결국은 '전능자'라는 개념은 별 의미가 없다는 논리를 펴고 있던데요?"
 "아마 그렇게 전개하고 있을 거예요!"
 "그러나 또 한편에서는 '전능자'를 적극적으로 옹호하는 이론도 있었어요!"
 "어떻게 옹호하던가요?"
 "전능자가 설령 자신이 들 수 없는 바위를 만들었어도, 이내 그 바위를 들 수 있는 능력이 전능자에게는 생길 것이다. 전능자니까! 그래서 결국 전능자는 계속 전능자로 존재한다!"

"그건 좀 억지스러운 면이 있네요! 그렇지요?"

"네, 전능자가 있어야 한다고 주장하는 사람들이 그런 의견을 첨가한 것 같아요!"

"그렇군요! 우리 젊은 사장님은 그래서 전능자 논란이 무익한 개념이다?"

"글쎄요! 아무래도 뭐, 밥 먹고 할 일 없는 사람들의 논란이 아니겠는가? 이렇게 생각이 들더라고요!"

"그렇게도 생각 되겠지요!"

"그러나, 그걸 읽으면서 혹시 선생님이 오늘 포차에 다시 오시면 이걸 한번 여쭤봐야지 하는 생각은 들었어요!"

"우리 만남을 나만 기대한 건 아니네요! 포장마차 사장님도 기대하고 있었다니 제가 참 고마운 생각이 듭니다."

"뭘요! 오전에는 붕어빵을 안파니까 빈둥거리는 시간이 좀 나더라고요! 날이 추우니 밖에 나가지 않고요!"

"전능자가 자기도 들어 올릴 수 없는 바위를 만들었다. 그래서 전능자가 없어졌으니, 전능의 개념을 논하는 것은 궤변에 불과하다?"

"뭐, 잘은 모르겠더라고요! 생각해 보니 대학 때도 친구들과 이런 토론 잠깐 하다가 '그런 걸로 시간 낭비하지 말자' 하고 덮어버렸던 것 같아요!"

"아마 그랬을 거예요! 젊은 시절에는 궤변도 즐거운 한 때를 채워주는 좋은 화제 거리가 될 수도 있지요! 그런데 전지전능의 개념을 무력화시키는 수사적 표현들은 또 있어요!"

"그렇습니까?"

"이를테면 아무리 전능자라도 '네모난 동그라미'라든가 '세모난 네모'는 만들 수 없다. 그러니 전능자 논란은 애초부터 무익하다는 거지요!"

"그렇기도 하겠어요! 그러나 세모, 네모, 원 같은 도형은 절대적인 것이라고 힐 수 없기 때문에 그것으로 전능자의 존재를 부인히기에는 논리가 조금 빈약할 수도 있겠는데요?"

"어떻게 그런 생각을 했어요? 아무리 전능자라도 '네모난 동그라미'는 만들 수 없다, 그러면 모두들 대번에 수긍이 갈 거라는 생각을 했었는데요!"

"그런 거 있지 않습니까? 이건 위상 수학의 영역이라고 할 수 있을 터인데요! 정 삼각형의 두 변 길이의 합이 나머지 한 변의 길이와 똑같다는 증명이라든가!"

"그런 게 있나요?"

"그런 것도 있고, 또 무한대로 뻗어가는 직선의 원소보다 원에 있는 원소가 하나 더 많다는 증명 같은 것을 들이대면, 세모난 네모를 못 만드니 전능자 개념은 무익하다고 할 수는 없을 것 같은데요?"

"오호라, 그런 게 있었어요?

뭔지 설명 좀 해 주시겠어요?"

젊은 붕어포차 사장이 고객이 뜸한 틈을 이용하여 어묵 국물을 어묵꼬치에 묻혀 간장 종지 옆에 그림을 하나 그렸다. 먼저 정삼각형을 그린 다음 양 옆의 두 변을 각각 중간에서 꺾어 아랫변 중앙으로 연결했다. 양 옆 두 변의 중간에서 각각 꺾어서 밑변 중앙으로 연결하니 삼각형 두 개가 새로 생겼다. 삼각형 두 변의 길이의 합을 그대로 유지하면서 아랫변의 절반을 새로운 밑변으로 하는 작은 삼각형 두 개가 만들어졌다. 새로 생긴 두 개의 정삼각형 좌우 두 개의 길이의 합은 본디 삼각형 한 변의 길이와 같다.

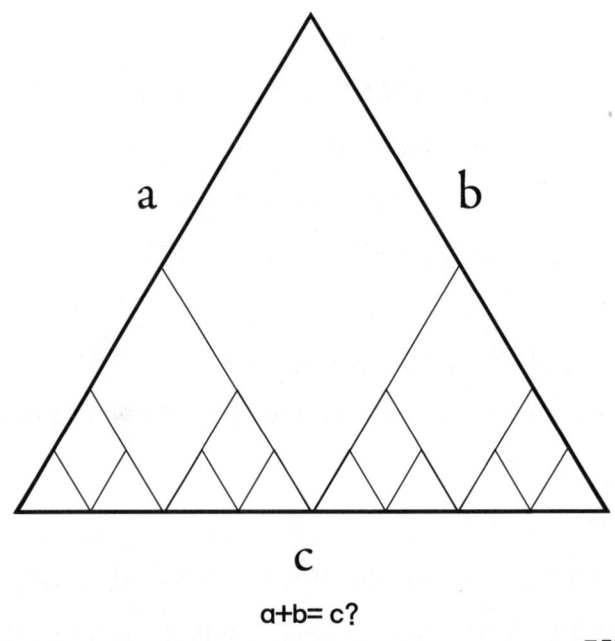

a+b= c?

그림 1

　가장 큰 첫 번째 정삼각형의 좌우 두 변 길이의 합을 그대로 유지하면서 2개의 작은 정삼각형을 만들고, 또 다시 좌우 두 변의 중간 지점에서 아랫변의 중앙으로 연결함으로써 더 작은 삼각형 네 개가 만들어진다. 애초의 윗변은 갈지자로 꺾어지면서 아랫변과 점점 가까워진다. 이 작업을 무한대로 반복해 가면 당초의 정삼각형 좌우 두 변의 길이는 밑변과 합쳐지게 되므로 결국은 정삼각형 좌우 두 변의 길이는 밑변의 길이와 같아진다고 할 수 있다. 결국 삼각형을 비롯한 모든 다각형은 절대적 개념이 아니라 상대적 개념이 되므로 '전능자가 세모 난 네모를 만들 수 없다'는 가설은 성립 불능이다.

　"설명을 듣고 보니 그럴 듯합니다. 도형이라는 것은 결국 절대 개념이 될 수 없다는 거군요?"

"그렇습니다. 이와 유사한 논증은 여러 가지가 있어요! 그 중에 무한히 뻗어가는 직선의 원소 수보다 옆에 있는 원의 둘레에 있는 원소 수가 하나 더 많다는 증명도 있어요!"

"무한대로 뻗어가는 직선의 원소는 말 그대로 무한대인데, 그 옆에 있는 작은 원을 이루는 선 안에 있는 원소의 수가 하나 더 많다?"

이번에는 젊은 사장이 어묵 꼬치로 아래 위 화살표로 표시되는 무한대 직선을 그리고, 그 옆에 원을 하나 그렸다. 그리고 무한대로 뻗는 직선으로부터 가장 먼 거리에 있는 원의 접점과 접하는 평행선을 그렸다.

"무한대로 뻗어가는 이 직선과 원의 맨 가장자리에 있는 원소와 접하는 접선은 서로 평행을 이루면서 영원히 만날 수 없겠지요?"

"그렇겠지요! 평행이니까요!"

"무한대로 뻗어가는 직선에 있는 한 원소를 원 바깥의 접선에 접하는 원소로 연결을 시켜봅니다. 이렇게 하면 직선으로부터 시작하는 부수한 직선이 나올 겁니다. 직선 안에 있는 모든 원소로부터 시작하여 원 바깥의 접점에 연결시킨다면 원의 한 원소를 통과하면서 1:1 대응을 하게 될 겁니다! 이해가 되세요?"

"네, 이해가 되지요! 육안으로 볼 때는 직선에서 출발하여 원 바깥 접점으로 연결되는 선들이 좁아지기는 하지만, 이론적으로 직선 안에 있는 원소와 원주에 포함되어 있는 원소가 겹치지 않고 1:1 대응이 된다는 점을 이해할 수 있겠습니다."

"이렇게 1:1 대응을 시키면 무한대로 뻗는 직선의 모든 원소 하나하나와 원주 안에 있는 원소들이 부족함 없이 대응하게 됩니다. 그리고 딱 하나, 원의 맨 바깥에 있는 접선을 접하는 원소가 남게 됩니다. 그러니 무한대인 직선에 있는 원소 수보다 원의 테두리에 있는 원소 수가 하나 더 있다는 증명이 가능합니다."

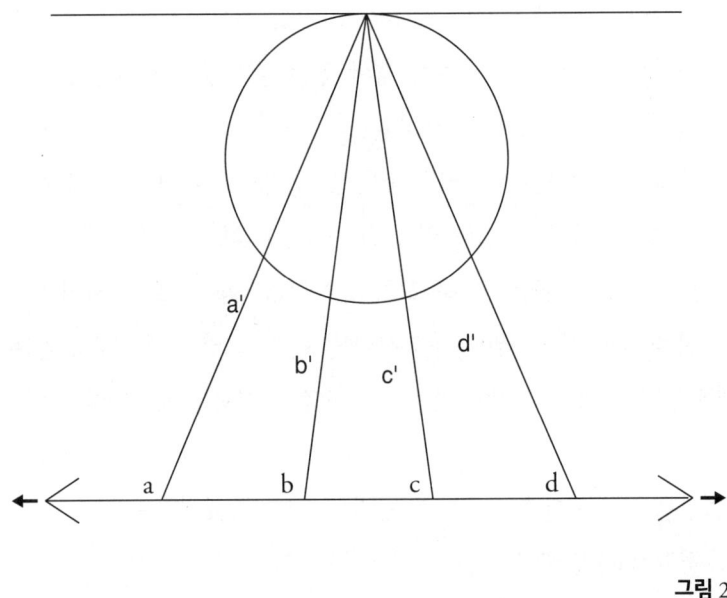

그림 2

"이해가 됩니다. 그러니 무한대 직선과 우리 눈에 유한하게 보이는 원주에 있는 원소 수의 많고 적음을 논하는 것이 무익하다?"

"그러니, 도형으로 전능자의 능력을 논하는 것은 논리적이지 못하지 않은가 하는 생각이 듭니다."

"좋은 것 한 가지 배웠어요! 어차피 세모난 네모라든가, 네모난 동그라미라든가 이런 것을 만들 수 없으므로 전능자가 아니라는 말은 애당초 성립할 수 없는 말이네요! 그리고 나도 이런 생각을 한 적은 있어요! 안과 밖의 경계가 없는 반지 혹은 띠를 만들 수는 없으므로 전능자의 존재는 불능이라고 누가 주장한다면, '뫼비우스의 띠'가 있지 않느냐?"

"맞습니다. 뫼비우스의 띠 역시 위상수학[1]의 범주에 드는 것으로 알고 있습니다."

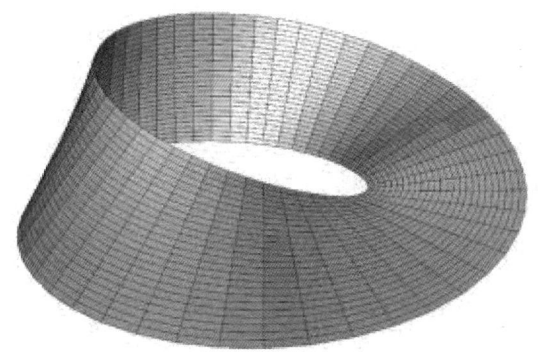

그림 3. 뫼비우스의 띠

"그렇군요! 그러니 이제부터 네모난 동그라미, 세모난 네모 이야기로 전능자의 부존재를 증명하려는 시도는 성립되지 않는다! 합의하고 선포했어요! 땅·땅·땅!"

먹던 붕어빵을 왼손에 건네고 오른 손으로 탁자 위를 두드렸다.

"선생님과 재미있게 이야기하다보니 저도 뜻밖의 논리로 비약을 하게 되었어요! 평소에 위상수학이 전능자의 존재와 관련된 것으로 생각해 본 적은 없었거든요!"

---

1   위상수학이란 집합이 변형될 때에도 손상되지 않고 유지되는 성질을 주로 다루는 분야다. 예를 들어 진흙덩어리는 위상적으로는 변함이 없이 공이나 가늘고 긴 막대 등으로 변형될 수 있는 물질적인 점들의 집합으로 간주된다. 위상수학은 수학의 거의 모든 분야는 물론 예전에는 수학적 방법으로 처리할 수 없다고 여겼던 분야에까지 영향을 미치고 있다.

"오늘 붕어빵 포장마차 안에서의 이 담론이 설령 명쾌한 논증에 도달하지 않는다 하더라도 우리 두 사람은 위대한 작업을 해 냈습니다. 허허허!"

"저도 점점 전능자를 옹호하는 편에 서게 되는 것 같아서 기분이 야릇해지는 것 같아요!"

"이게 다 붕어빵 때문입니다! 붕어빵에는 붕어가 없다!"

"그렇습니다! 붕어 없는 붕어빵을 굽고 있으니 뭔들 못하겠습니까? 재밌어요, 선생님!"

"아차, 그러고보니 뉴스에 '네모난 수박'을 일본인들이 생산해서 판매한다는 얘기가 있었어요!"

"저도 봤어요!"

〈일본에서 경작하여 출하하는 네모난 수박〉

"네모난 수박을 보면서 무슨 생각을 했어요?"

"그냥, 뭐…"

머리를 긁적거린다.

"이제 보니 그것이 '네모난 동그라미' 아닐까요?"

"선생님 말씀을 듣고 보니 그렇습니다. 보편적 수박은 분명히 둥그런데, 일본인들이 키운 네모 수박, 그것은 '네모난 동그라미'일 수도 있다는 생각은 가능하리라 봅니다!"

"많이 겸손해졌어요! 젊은 사장께서! 허허!"

"이것이 겸손인가요?"

"그럼요! 이것이 진짜 겸손이라는 겁니다! 전능자의 존재를 인정하는 순간 겸손이 시작되는 겁니다!"

"아! 그렇게 되나요? 겸손이라는 것이?"

"그럼요! 그럼요!"

그때마침 젊은 사장의 아내가 포장마차로 들어섰다.

"자기 수고 많아!"

"어, 선생님 오셨네요! 안녕하세요?"

"네, 아내님 어서 와요!"

"자기야! 나 오늘, 무척 겸손해졌다! 자기가 아직 모르는 동안에 말이야!"

남편이 아내에게 익살스럽게 말한다.

"그게 무슨 선문답 같은 소리? 겸손해지다니!"

"내 생각에 자기도 좀 겸손해졌으면 좋겠어!"

"나도 교만하다는 말은 싫지! 기왕이면 겸손하다는 칭찬이 좋아!"
"집에 가서 남편님이 아내님께 겸손에 대해서 잘 설명해 줘요!"
"네!"
"우리 젊은 사장님! 이제 전능자가 자기도 들지 못할 바위를 만들었느냐, 이것만 미해결과제로 남게 되었어요. 그렇지요?"
"네, 그렇게 된 것 같습니다! 선생님!"

이런 상황에서는 적당히 자리를 비우는 센스도 있어야 한다. 아직은 더 이야기를 나눌 만한 저녁이지만, 핑계를 대고 나온다.

"오늘은 붕어빵을 많이 먹지 못했네! 이거 두 개만 들고 갈게요!"
"봉지에 넣어드리겠습니다! 선생님!"
"아니에요! 하나는 왼 손에 들고, 하나는 베어 먹으면서 겨울 길 걷는 재미가 어딘데!"

붕어빵 값을 치르고 찬바람 쌩쌩 부는 겨울 길을 걷는다. 고소하게 익은 반죽도 맛있지만 자칫하면 입천장을 벗겨버리는 팥소 맛이 일품이다. 하나를 다 먹고 나면 왼손에 하나 들린 것은 아마도 먹기에 딱 좋도록 식어줬을 것이다. 이런 때는 길거리 가면서 음식 먹는 천박함을 고상하게 즐길 줄도 알아야 한다. 그것이 붕어빵 매니아의 품격이다.

어차피 붕어빵에는 붕어가 없다. 우리가 아무리 고상한 인품을 가졌네 하고 째를 내 봐야 그건 교만일 수밖에 없다.

내 안에 고매함, 품격 따위가 진짜 실재할까?

엄밀히 그런 것은 없다. 단지 있는 척 할 뿐이다. 붕어빵에 붕어가 없듯이 말이다.

품위 지킨다고 종이 봉지에 붕어빵 담아들고 집에 도착하면 썰렁하게 식어버리는 붕어빵, 맛의 절반 이상은 달아난다.

그런 붕어빵을 먹는 태도가 오히려 교만이고 천박함이 아닐까?

나는 지금 겸손하게 붕어빵의 진짜 맛을 누리면서 집으로 향한다.

7. 전능자가 들 수 없는 바위

그날은 유난히 추웠다. 너무 추워서인지 거리에 자동차도 뜸해진 것 같고, 오고가는 행인들도 현저히 줄었다.

이런 날은 사람들이 붕어빵을 더 찾게 될까?

아니면 추우니까 집 안에 웅크리고만 있게 되어 붕어빵 매상이 더 줄게 될까?

굳이 궁금하게 여기지 않아도 될 일들에 신경을 쓰면서 붕어빵의 구수한 냄새를 향한다.

붕어빵 포장마차 가까이에 도착했는데, 조금 떨어져서 안을 살펴보니 내가 들어설 자리가 없다. 적어도 세 팀 이상의 고객들이 들어차서 어묵과 붕어빵을 먹는지 수런수런한 분위기다. 바람 끝이 차기는 하지만 골목길을 한 블록 돌아와야 할 판이다. 포장마차 안에서 밖에 있는 나를 발견하기 이전에 발길을 돌려 고객들이 빈속을 든든히 하고 자리를 비워주기를 바라는 마음으로 눈길을 조심스럽게 걷는다.

살아오면서 중요한 일이 있을 때, 진지하고 신중하게 해결책을 준비하고 나서 현장에 도착하면 그곳의 분위가 내 기분과는 달리 산만했던 때가 많았다. 그런 때는 현장의 분위기를 다잡아 가면서 좌중을 휘어잡고 실마리를 풀어가야 하는데, 때로는 현장의 어수선함에 짜증이 나기도 하여 준비한 것을 끌러보지도 못하고 휩쓸려 낭패를 당했던 기억들을 떠올리며 한 걸음 한 걸음 내딛는다.

그러나 오늘은 그렇게 절박한 숙제가 있는 것은 아니다. 뜻밖에도 붕어빵 포장마차 젊은 부부 사장을 만나 나름대로 속도를 내고 있어서 기분이 상쾌했다. 생활하는 데 얽매여 있지 않으면서 가끔 한 번씩은 생각해 봤지만 그냥 스쳐야 했던 것들에 대해 담론한다는 기회는 아무나 잡을 수 있는 것이 아니었다. 세상에 존재하는 수많은 사념들 가운데 '전지전능' 혹은 '전능자'라는 개념은 상상에서는 가능하지만 '실재'[1]는 아닌, 관념 속에서나 존재하는 것[2]으로 치부되고 만다. 또한 전능자를 거론하는 것부터가 실익이 없는 한담으로 치부되기 일쑤다. 한 블록을 빙 돌아서 다시 포장마차에 당도하니, 마침 비어있었고 두 부부가 조용조용 이야기를 주고받고 있다.

"반갑습니다! 붕어빵 젊은 사장님!"

"네, 어서 오십시오!"

"안녕하세요? 선생님!"

지금 포장마차에 우연히 도착한 것처럼 꾸미고 싶었다.

"오늘도 변함없이 이렇게 보기 좋은 그림을 연출하고 있네요!"

---

[1] 사람들의 상상이나 관념 속에서만 있는 것이 아니라 실제로 있는 것을 '실재'(實在)로 지칭하기로 한다. 사람들이 만지고 눈으로 볼 수는 없지만 실제로 있는 것을 이른다. 이렇게 주장하는 이들을 실재론자로 부를 수 있다.

[2] '실재'의 반대 개념으로서 사람들의 생각에서나 가능한 것을 지칭하는 표현으로는 '명목'(名目) '유명'(有名)이라는 단어를 쓰기도 한다. 어떤 것에 대하여 실재가 아니라 명목 혹은 유명뿐임을 주장하는 자들을 명목론자, 유명론자로 지칭한다.

"네, 지난번에는 제가 없을 때 선생님께서 다녀가셔서 조금 섭섭했어요!"

"그랬을 것 같아요! 남편 사장님께 위상수학과 관련한 전능자의 존재 이야기를 잘 전해 들으셨지요?"

"네! 남편이 얘기해줬어요! 남편이 하는 이야기를 들으면서 제가 있었더라면 더 명쾌하게 결론을 냈을 거라고 생각했어요!"

그리고 아내는 전능자의 존재 혹은 부존재 여부를 논하면서 '전능자라 할지라도 네모난 동그라미를 만들지는 못할 터이니 전능자는 없다'는 식의 정의는 맞지 않다고 열변했다. 그러면서 '전능자라도 구리로 된 금화를 만들지는 못할 것'이라고 얘기한다든지, '전능자라도 염분 없는 강물을 퍼다가 바다를 채우지는 못할 것'이니 전능자 개념에 대한 담론이 무익하다고 말하는 것은 애초부터 성립할 수 없는 말이라고 정리했다.

또한 호사가들이 '전능자라면 1과 2 사이에서 자연수를 찾아낼 수 있느냐?'라고 하는데, 이 질문에 대해서도 온당치 못하다고 했다. 이런 질문들이 언뜻 듣기에는 대단한 질문 같으나 기존의 질서를 무너뜨리면서 혼란을 일으켜 일시적으로 말문이 막히게 하는 것일 뿐이라고 길게 설명했다.

"아내님께서 어찌 그렇게 귀한 생각을 하셨대요?"

"이 사람은 평소에도 가끔 엉뚱한 얘기들을 하기도 해서 친구들 사이에서 별명이 '4차원'입니다. 선생님!"

"오호라~ 그래요?"

"그래도 뭐, 터무니없는 4차원은 아니거든요! 단지 저의 생각을 다 털어놓고 이야기해 볼 상대를 못 만났을 뿐이지요! 그런데 선생님과 대화를 나눌 수 있게 된 거예요!"

"어쨌든 우리가 '전능자'라는 개념을 자녀들이 철 들기 전 엄마, 아빠를 인지하는 데서 그 유비를 찾아볼 수 있다는 귀한 생각에 세 사람이 똑같이 합의되었다는 것이 대단합니다! 그렇지요?"

"그렇습니다. 선생님! 오늘 붕어빵 포장마차 안에서 '전능자 개념 추진 위원회'를 결성해야 할 것 같아요! 호호!"

"우리라도 전능자를 홀대하지 말고 제대로 한번 대접해 드립시다! 허허!"

"생각 속에 있고, 삶의 현장 속에 그 모형을 찾아볼 수 있는 개념이라면 없다고 단정할 수는 없으리라고 생각됩니다!"

"맞습니다! 전능자 개념이 언뜻언뜻 삶의 현장에 모형으로 드러나는 사례를 '유비'[3]라는 말로 정의해 둡시다!"

"네, 그렇게 하지요!"

만일 전능자가 있고, 그 전능자가 사기 존재를 사람들에게 개념으로 드러내고자 했다면 그것이 '유비'라는 뜻이다. 사람들로 하여금 전능자 개념을 경험하도록 영유아기 때 자기 부모를 인식하는 형식에서 전능자는 전능의 개념을 '유비'로서 드러냈다고 볼 수 있다. 이때의 전능은 영유아기 자녀의 인식에서뿐 아니라 실제 부모의 역할에서도 전능을 대행한다. 요람의 아이에게 필요한 모든 것을 부모는 '전능자'로서 제공한다.

그러나 사람들은 '유비'는 불완전하다고 여긴다. '유비'가 있으므로 '전능자'가 있다고 단정하기에 부족하다고 여긴다. 그래서 전능자를 부인하기 위한 가설들을 만들어낸다. 그 가설들 중에 '전능자라도 네모난 동그라미는 만들 수 없으니 어차피 전능자 개념은 무익하다'라고 주장하기도

---

[3] '유비'가 철학적 의미로 쓰일 때는 '어떤 사물 상호 간에 대응적으로 존재하는 동등성 또는 동일성'을 뜻한다

하지만, 포장마차 안에서 자연스럽게 이루어진 '전능자 개념 추진위원회'에서는 위상수학에 근거하여 그런 가설 혹은 전제는 당초부터 설립되지 않는 말이라고 결론지었다.

그렇다고 해서 전능자의 존재가 입증된 것은 아니다. 생각하는 기능이 있고 논리와 합리성을 추구하는 사람들이 전능자에 대한 담론에서 제기하는 매우 합리적인 반론이 있다.

'전능자라면 자신이 들 수 없는 바위도 만들 수 있을 것이다. 그런 바위를 만들지 못한다면 전능자가 아니다. 만일 전능자가 있고, 그 전능자가 자신이 들지 못하는 바위를 만들었다면 그 순간부터 전능자가 아니다. 그러므로 전능자의 존재 혹은 전능자의 개념을 논하는 것은 무익하다.'

이 전제는 꽤나 합리적으로 보인다. 여기에 반론을 제기하여 전능자를 증명해내지 못하는 한 전능자 개념에 대한 담론은 '뜬 구름 잡는' 수준을 벗어나지 못할 것이다. 그러니 전능자 담론이 인류에 유익을 주어야 한다면 '전능자는 전능자 자신이 들 수 없는 바위도 만들 수 있습니까?'라는 질문에 합당한 답을 내놓아야 한다.

과연 전능자를 '실재'로서 증명해 낼 수 있을까?

전능자는 자기도 들 수 없는 바위를 만들었을까?

전능자는 그 바위를 만들고 스스로 전능자의 자리에서 내려왔을까?

아니면, 그 바위 만들기를 거부하고 전능자라고 우기고 있을까?

그렇다면 그 전능자를 누가 전능자로 인정해 줄 수 있단 말인가?

그러나 반론도 있을 수 있다.

전능자는 있다.

전능자는 자기도 들 수 없는 바위를 만들었다.

그 바위는 전능자를 무능자로 만드는 의미 없는 바위가 아니다.

그 바위는 오히려 전능자를 전능자 되게 하는 바위일 수 있다.

전능자이기 때문에, 그 바위는 전능자 자신이 들지 못하는 바위이면서, 동시에 자기를 더욱 전능자 되게 하는 바위이다. 이처럼 전능자의 존재를 더욱 분명하게 증명하는 '전능자도 들 수 없는 바위'를 우리는 상상할 수 있지 않을까?

"선생님! 그런 바위가 있을 수 있을까요?"

"아니다! 자기야! 선생님의 발상이 너무 멋지지 않아? 전능자니까! 자기가 들지는 못하지만 동시에 그 바위로 말미암아 전능자가 진정한 전능자가 되게 하는 바위! 저는 선생님의 그런 발상이 정말 좋아요! 우리가 붕어빵을 구워 팔면서, 그 바위를 밝혀낼 수 있을까요?"

"내가 오랫동안 고민했던 문제가 바로 그것입니다. 전능자 자신도 들 수 없는 바위! 앞으로는 그냥 '바위'로 칭하기로 하시죠! 나는 그 바위는 대단히 흥미롭고, 의미가 충분하며, 진지하고, 영원토록 가치 있는 바위일 것이다. 그런 바위라면 전능자도 한번 만들어볼 만하고, 그 바위의 문제를 인격을 가진 자들 즉, 인간들과 함께 고민하면서 함께 풀어가는 고귀한 가치가 있는 바위라면 가능하지 않을까? 전능자의 품격에도 손상이 가지 않고, 이성과 자유의지를 가진 인간도 거기에 동의하면서, 전능자와 인간이 더불어 존중하면서 바위의 문제를 공유한다면 어떨까? 아마도 전능자는 그런 바위를 만들었을 것이다. 이것이 내가 제시하는 하나의 가능성입니다!"

"전능자 자신도 들어 올리지 못하는 바위를 당당하게 만들었다! 이 가설이 흥미가 있어요! 선생님! 마치 오늘날까지도 풀리지 않는 수학문제를 던져놓은 천재처럼 말입니다. 만일 그런 천재가 있다면 자기도 풀지 못하는 문제를 냈다고 해서 바보라고 하지는 않거든요!"
"우리 아내님의 부드러움과 넉넉함이 참 좋습니다. 바로 그겁니다! '전능자가 들지 못하는 바위를 찾아내고 입증하라!' 문제를 내고 웃음거리가 되는 것이 아니라, 그런 문제를 출제했기에 더욱 천재성이 반짝거리는 그 뛰어남! 바로 그거 아니겠습니까?"
"뭔가 있을 거 같은 느낌이 들어요! 선생님! 자신도 풀 수 없는 문제를 발견했다면 그 사람은 바보가 아니라 천재임이 확실하거든요! 더욱이 그 문제가 단순히 웃음거리가 되는 것이 아니라 인간의 진정성을 더 드러내고 인간의 존재를 더 깊이 묵상하게 하고, 더 인간답게 하는 문제라면 그런 문제를 만들어내는 자가 진짜 천재입니다. 아마도 전능자가 바로 그런 문제를 하나 출제하지 않았을까요? 전능자는 또한 전지자이기도 하잖습니까?"
"맞습니다! 전능자가 만든 바위가 바로 그런 바위일 겁니다!"
"선생님은 붕어빵 포장마차에 오시기 이전부터 무언가 실마리를 가지고 계신 것 같은데요?"
"역시, 아내님의 예지는 참으로 비범합니다! 붕어빵 사장의 사모님으로는 과분한 거 같아요!"
"자기야! 잘 들었지? 나 이런 여자야!"
"자기의 그 4차원! 내가 알아주었잖아! 나 말고는 자기를 알아주는 남자가 없을 걸?"
"두 사람이 제대로 만난 거네요! '케미'가 짱입니다!"
"와우! 선생님! 그런 말씀도 아시고요! 멋져요!"
"고마워요! 눈물 나도록! 허허허!"
그때마침 예닐곱 명의 고객들이 포장마차 안으로 밀려들어왔다. 남아 있는 어묵이며 붕어빵을 보니 어쩌면 그들에게 부족할지도 모를 만큼 끌끌한 청년들이 들이닥쳤다. 대박이다!

　이들이 올려주는 매상고가 문제가 아니다. 한꺼번에 이처럼 많은 고객이 몰려온다고 해서 붕어빵 포장마차 매상이 쭉쭉 올라가는 데는 한계가 있다. 단지 포장마차를 하는 젊은 사장 부부에게 잠시 기분전환이 될 수 있고 내일 또 포장마차를 열 수 있는 힘을 줄 것이다.

　그 바람에 나는 그들과 변변한 작별인사도 하지 못하고 포차를 나와야 했다.

8. 배고픈 잡상인 단속자

갑자기 시내를 벗어나 인근의 다른 도시에 다녀올 일이 생겼다. 거기서 일을 다 보고 되돌아오려는데 거기에도 붕어빵 포장마차가 드문드문 눈에 띈다. 마침 배도 출출하다. 이곳 붕어빵을 맛보고 가는 것도 모처럼의 기회였다.

우체국이 가까이 있어서 우체국 직원들이 애용함직한 포장마차가 맞춤하니 서 있었다. 우체국 주차장은 나 같은 사람이 잠깐 차를 대기에 딱이다. 주저 없이 거기에 차를 받치고 포장마차를 향하여 슬슬 걸어갔다.

포장마차 포장을 들추고 안으로 들어가는데 왠지 공기가 좀 무겁다. 안에는 건장한 청년 두 사람이 있었는데 그들 앞에는 빈 어묵 꼬치들이 꽤 쌓여있었다. 붕어빵틀 위에는 붕어빵도 그리 많지 않았다. 붕어빵을 만들어 파는 오십대 중반의 여성이나 두 청년이나 표정과 동작이 굳어 있기는 마찬가지였다. 선뜻 긴장을 풀고 인사를 건네기가 불편하다. 내가 잠시 멈칫거리자 두 청년이 서로 눈짓을 주고받는다.

"아줌마! 오늘은 우리가 이만하고 갑니다!"
"네, 알았아요! 나중에 한 번 오든지요!"

청년 두 사람은 어묵 값, 붕어빵 값 계산도 하지 않고 휑하니 찬바람을 일으키며 나간다.

"여기 붕어빵은 어떤 맛일까?"

늘 하던 대로 종이컵을 하나 꺼내고 거기에 어묵 국물 한 국자 뜨며 내가 입을 열었다. 붕어빵 사장 아낙은 고객들 자리로 돌아 나와 어지럽게 널려진 어묵 꼬치를 능숙한 솜씨로 그러모으고 행주로 테이블을 훔쳐낸다. 간장 종지도 빵틀 안으로 들여놓는다. 새로 장을 내놓으려는 듯했다.

"붕어빵 굽는 솜씨가 초짜는 아니신데요?"

"네?"

"붕어빵 맛이 아주 좋습니다! 맛있게 구워내십니다!"

"아~ 네!! 이 장사 한지도 꽤 되었네요!"

"여름에는 그럼 뭐 하세요?"

"여기가 목이 그런대로 괜찮아서 다른 데보다 일찍 열고 날이 풀릴 때까지 붕어빵을 팝니다."

"그렇군요! 어쩐지 붕어빵 맛이 다른 데하고는 다릅니다!"

"다른 데하고 다르기야 하겠어요? 재료가 다 똑같은데요 뭘!"

"그렇긴 하지요! 알고 있습니다. 빵틀을 대여하는 쪽에서 시설까지 제공하고 재료 일체를 독과점 한다는 것을 저도 압니다. 그러나 빵틀에서 구워내는 손맛이 있는 것도 알지요!"

"그렇게 알아주시니 고맙습니다!"

베시시 표정이 풀린다.

"그런데, 방금 잔뜩 먹고 나간 두 청년 좀 수상쩍은데요? 한눈에 봐도요!"

"잘 보셨네요!"

"어떤 손님들인데요?"

붕어빵 포장마차까지 조직폭력배들이 영향을 미치는 것은 아니라서 자릿세를 낸다거나 하지는 않는다고 한다. 더욱이 빵틀과 포장마차 시설 등을 제공하고 재료를 조달해 주는 측에서 어느 정도는 안전하게 겨울 한철 붕어빵을 팔 수 있도록 돌봐주기도 한다고 했다. 그래서 비교적 안심하고 붕어빵을 파는데 가끔 이상한 손님들이 온단다.

"이상한 손님들이라니요?"

"아까 그 청년들이요!"

처음 보는 청년 두 사람이 붕어빵 손님이 뜸한 시간에 들이닥치더니, 자기들이 노점상 단속반이라고 으름장을 놓더라고 했다. 구청에서 붕어빵 포장마차까지는 여간해서 단속을 하지 않기에 합법적인 단속반이 아닌 줄을 대번에 알았지만 그들과 맞섰다가는 그날 밤 장사는 종치게 되고, 또 서로 기분이 상하게 될 것이 뻔했다.

'이렇게 없이 사는 서민들 붕어빵 포장마차까지 단속하면 어떻게 하느냐?'

알면서도 속아준다고 하소연하듯 말했다고 한다. 그러자 자기들도 인근주민들로부터 신고가 들어와서 어쩔 수 없이 나왔다고, 한눈에 보기에도 어설프게 으름장을 놓더란다.

"그러지 마시고, 배가 고프신 것 같은데, 여기 어묵과 붕어빵 실컷 잡수고 가세요! 돈 달라고 안할 테니까!"

그랬더니 둘이 서로 마주 보고 눈짓을 주고받더니 며칠 굶은 사람마냥 어묵이며 붕어빵을 닥치는 대로 주어먹기 시작해서 꽤 먹었다는 것이다. 그들이 배가 찰 때쯤 내가 마침 이곳 포장을 들추고 들어온 것이라고 했다.

"참, 아주머니 지혜가 대단하세요!"

"뭘요! 그거 뭐 이러니 저러니 따지다가는 자칫 시끄러워지고, 지나가는 사람들에게 구경거리가 되면 내일부터 당장 이곳 장사도 걷어야 할 판이니 울며 겨자 먹기로 실컷 먹고나 가라고 했더니 한 참을 서서 먹고 갔으니 그나마 다행이지요!"

"하루 종일 고생하시는데, '고놈들 참!' 속이 많이 상하시겠어요!"

"그런가보다 해야지요, 어떻게 합니까?"

"그런데 붕어빵을 이렇게 맛있게 구워내는 비결이 따로 있습니까?"

"팥을 잘 넣어야 합니다. 한 곳으로 몰리면 맛이 없어요! 붕어 머리부터 꼬리지느러미에 이르기까지 골고루 팥 앙금이 들어가도록 하는 것이 비결이라면 비결이지요, 별다른 것은 없습니다. 그리고 어묵은 간을 잘 맞춰야 하고!"

"그러고 보니, 붕어빵 색깔도 노릇노릇하니 보기도 좋고 먹기도 좋고 맛도 좋습니다!"

"사장님은 붕어빵 칭찬이 좀 헤픈 것 같은데요?"

"맞아요! 제가 좀 헤퍼요! 마음도 헤프고, 정도 헤프고, 의리도 헤프고, 지갑도 헤프고, 만남도 헤프고, 헤어짐도 헤프고, 그리고 거시기 그 뭐시냐? 사랑도 헤프고…"

"제가 헤프다는 말을 잘못한 것 같아요! 걷어야 할랑가 봅니다!"

"아닙니다! 아닙니다! 그냥 해 본 소리예요! 붕어빵 맛이 좋고, 사장님 솜씨도 좋고, 껄렁껄렁한 녀석들 해치우는 솜씨도 대단하고 해서요!"

"참 재밌는 분이시네요!"

"사는 동안 뭐가 제일 중하다고 생각하세요?"

뜬금없이 질문을 던져봤다.
"일테면 '뭣이 중헌디?' 이런 거요?"
"어어? 그건 '곡성'[1]이란 영화에 나오는 유명한 대사인데, 그것까지 아신다요?"
"붕어빵 사 먹으러 오는 청년들이 영화 얘기를 하면서 흉내를 내쌓기에 저도 한 번 해 봤어요!"
"참 멋쟁이 붕어빵 사장님을 만났네요!
암튼 뭣이 중허다요잉?"
"그야 뭐 인생에서 젤 중한 것은 사랑 아니겠어요?"
"하~ 사랑이라! 사랑!"
"어찌 그렇게 '사랑'이라는 대답이 금새 나올 수 있는지 그 사연이 더 궁금합니다!"
이렇게 시작하여 한바탕 '여자의 일생' 파노라마를 듣게 되었다. 처녀 시절 원인을 알 수 없는 병에 걸려 온갖 약을 다 써도 소용이 없었고 병원도 다닐 만큼 다녔다고 했다. 그러다 어찌어찌하여 간신히 병이 나았고, 지금 남편을 만나 결혼도 했는데, 처녀 시절 병치레 탓인지 아기가 들어서지 않았다. 남편과 입양을 여러 차례 의논했지만 그것도 뜻대로 되는 것이 아니더란다. 그래서 그럭저럭 무자식 상팔자라고 두 양주가 살아왔는데 어느덧 황혼 초입이란다. 그럼에도 부부가 살아온 세월을 돌아보니 '사랑' 아니고는 달리 말할 수가 없더라고 했다.
"옆에서도 그렇게 말들을 합니다! 어떻게 그렇게 달랑 둘이서 백년해로 하냐고요!"

---

[1] 2016년 나홍진 감독 작품

"그렇겠어요! 우리 구닥다리 세대에서는 부부간에 자식없으면 못 사는 걸로 아는데요잉!"

"왜 아니겠어요! 생판 남남이 만나 자식이라는 연결고리 없으면 못 살 줄 알았는데, 그럭저럭 살아지는 것이 그저 사랑이려니 생각합니다. 그렇다고 남들 보기에 잉꼬부부도 아니고 평범하게 사는데, 같이 산 세월이 벌써 30년 가까이 되고 보니 '뭣이 중헌디?' 그런 얘기 들으면서 '아, 우리 부부가 살아온 것이 사랑인가보다!' 하고 생각했지요!"

"참, 붕어빵 사장 아주머님이 대단한 철학자이십니다!"

"붕어빵으로 하면 제가 철학자일 겁니다!"

"맞습니다! 저는 늘 붕어빵 먹기만 했지, 한번도 구워보지 못했어요! 그래서 저도 붕어빵을 구워보고 싶을 때가 있어요!"

"신수가 훤하신 사장님, 배부른 소리 고만 하시지라잉!"

"맞습니다! 배부른 소리지요! 그래서 제가 말도 헤프다고 하지 않았습니까? 앞으로 저도 '인생에서 뭣이 중헌디?' 누가 물으면, 두말 않고 '사랑!' 할랍니다! 오늘 붕어빵 참으로 값지게 먹었습니다!"

집에 가져와봐야 반갑게 먹어줄 사람도 없는데 빵틀 위에 있는 붕어빵 다 봉지에 넣어달라고 해서 들고 나왔다.

"건강하게 오래오래 사시면서 두 분이서 깊이깊이 사랑하시기를 축복합니다!"

"고맙습니다!"

한사코 거스름돈을 뿌리치고 종종걸음으로 나왔다.

단속반이라고 으름장 놓고 어묵과 붕어빵을 실컷 먹고 사라진 청년들도, 그들에게 터무니없게도 공짜를 베풀게 된 아주머니도, 말도 마음도 정도 의리도 지갑도 헤픈 나도 늘 배고픈 것이 있다면 그것은 다름 아닌 사랑이렷다! 우리는 늘 사랑에 배고프다. 아무리 붕어빵을 먹어도 사랑은 배고프다! 붕어빵 사장 아낙처럼 나도 삼십년 넘게 등 비비며 산 아내로부터 사랑을 좀 받아볼까 해서 오늘도 어김없이 파고든다.

어떻게 하면 아내로부터 내가 사랑을 받을 수 있을까?

손에 달랑달랑 들린 붕어빵 봉지로는 안 되는데! 나는 어떻게 아내의 사랑을 받으며 지금까지 삶을 지탱해 왔을까?

그래도 오늘 이 붕어빵은 맛이 좀 더 있었으니 아내의 사랑을 기대해 본다.

9. 애완견

붕어빵 봉지를 들고 들어가면 그 냄새를 먼저 맡고 반기는 것은 강아지다. 하기야 강아지는 내가 붕어빵을 들고 가지 않더라도 폴짝폴짝 뛰면서 반겨준다. 주인을 맞이하는 태도에 있어서는 애완견이 으뜸이다.

어쩜 저렇게도 주인을 좋아할 수 있을까?

사람이 자기 주인을 저렇게 맞이하면 오히려 비굴해 보일 것이다.

애완견이 주인을 맞이하고 주인의 품에서 온갖 재롱을 떠는 것을 무엇이라고 해야 할까?

생물학적으로는 조건반사라고 부른다. 자기에게 먹을 것을 주는 이를 추종하는 본능적 행동으로 분석한다. 그러나 애완견의 재롱을 받아들이는 주인의 입장에서는 그것을 '사랑'으로 인지하는 경향이 있다. 다른 사람들은 자기를 알아주지도 않고, 반겨주지도 않는데 강아지는 꼬리를 흔들고 이리저리 뛰면서 좋아한다.

그러한 애완견을 사람들은 어떻게 사랑해 주는가?

내가 애완견을 사랑해 주는 방법은 단순하다. 강아지에게 적합한 사료를 준비하고, 수시로 물을 마실 수 있도록 물통을 거꾸로 매달아 두는 장치를 구입하여 비치하고, 대소변을 볼 수 있도록 신문지나 패드를 일정한 장소에 깔아준다. 그리고 외출했다가 돌아왔을 때 반기는 강아지를 안아주고, 쓰다듬어 준다. 대소변을 봤으면 깨끗하게 치우고 새로운 패드를 깔아주는 것으로 강아지 사랑을 실현한다.

아내가 애완견을 사랑하는 방법은 여기에 몇 가지가 더 추가된다. 목욕은 주로 아내가 시키고, 산책도 아내가 시켜준다. 발톱을 깎아주는 것도 아내가 하는 일이다. 그런데 아내의 애완견 사랑은 여기서 또 몇 가지가 더 있다. 내가 봉지에 담아온 붕어빵을 먹으면서 붕어빵의 한쪽 귀퉁이를 뜯어서 애완견에게 주기도 한다. 군것질을 하다가 가끔 과자 부스러기를 줄 때도 있다.

그때마다 나는 아내에게 얘기해 준다. 사료 외에 다른 것을 주는 것은 강아지 사랑이 아니라고. 애완견이 사료 외에 다른 것 즉, 사람이 먹는 음식을 섭취하게 되면 강아지의 대변에서 지독한 냄새가 나고, 소화에도 부담을 주기 때문에 사료와 물 그리고 강아지를 위해 만들어 파는 간식 외에 다른 것은 일체 금하는 것이 강아지를 사랑하는 것이라고 주장한다.

시집 간 딸아이의 애완견 사랑은 이와는 또 다르다. 딸은 강아지를 침대에서 데리고 잔다. 그리고 틈만 있으면 강아지 발톱 사이의 잔털까지 깎아주고 일 년 내내 미용을 해 준다. 여름이 돌아오면 덥다고 털을 바짝 깎아주고, 날이 추워질 때까지 미처 털이 자라지 않을 때는 애견 옷을 장만하여 입힌다. 강아지의 외모가 자기의 눈에 들 때까지 꾸며주는 것을 애견 사랑으로 여기고 그대로 실천한다.

아내와 딸은 강아지를 안고 있을 때도 잠시도 그냥두지 않는다. 머리를 쓰다듬을 뿐 아니라 몸통은 물론 발가락이며 꼬리 등을 귀찮을 정도로 만지작거린다. 너무나 귀찮게 해서 간혹 강아지가 "깨갱!"하고 괴성을 지를 때도 있다. 그렇게 하는 것이 애견 사랑이 아니라고 지청구를 해도 소용이 없다.

　이렇게 사람마다 강아지를 사랑하는 방식이 다르다. 다행인 것은 그럼에도 강아지가 온 식구에게 사람을 가리지 않고, 시도 때도 없이 귀찮을 정도로 다가와서 핥고 안긴다. 강아지의 이런 행동은 사람들이 그에게 베풀어주는 것보다 훨씬 크다. 조금만 귀여워해줘도 강아지는 온 힘을 다해 안기고 재롱을 떨어준다. 그래서 사람들은 애완견을 기른다.

　이에 비해 사람들은 자기가 받은 사랑보다 훨씬 작은 반응을 마지못해 보인다. 부모가 자식에게 쏟은 정성에 비해 자식이 어버이에게 바치는 공경은 너무나 미미하다. 그것도 마지못해 할 때가 많다. 정해진 명절에나 겨우 찾아가서 얼굴을 보인다. 그나마 '이번 명절은 너무나 바빠서 다음에 찾아뵐게요!'하고 건너뛰다 보면 수 삼년씩 훌쩍훌쩍 지나가 버린다.

　거기에 비하면 애완견은 '소갈머리'도 없다. 때로 굶길 때도 있고 물통에 물이 떨어진 것을 모르고 며칠을 지내도 녀석은 주인을 볼 때마다 꼬리를 치면서 반가워한다. 어떤 면에서 부모와 자식 간에 나누는 인격적 교제보다 더 진지하고 뜨겁다.

　그러나 과연 사람과 애완견 사이의 교제가 인격적이라고 할 수 있을까?

　주인과 더불어 희노애락을 느끼고 있을까, 애완견이?

　냉정한 말이기는 하지만, 사람이 동물과 인격적인 나눔이 가능하다는 것은 아무래도 아니라고 본다. 동물의 행동은 본능에 의한 조건반사라고 할 수밖에 없다. 그럼에도 사람들은 동물과 사랑을 나누고 있다고 우긴다.

　누군가 붕어빵을 먹고 붕어를 먹었다고 우긴다면 수긍해 줄 수 있을까?

붕어빵에는 붕어가 없다!

사람이 동물과 나누는 교분은 사랑이 아닌 본능적 친교라 해야 옳을 것이다. 사랑에 굶주린 인간이 동물을 향하여 사랑을 쏟아 부은들 동물은 그것을 사랑으로 인지하지 않고 본능적인 조건반사로 반응하는 것에 지나지 않을지도 모른다. 이것이 진실이라면 진짜로 딱한 쪽은 애완견이 아니라 사람이다.

부모뿐만이 아니라 모름지기 사람들은 이렇게 사랑을 쏟아 붓기만 하고, 받은 것이라고는 병아리 눈물만큼도 안 되니, 어디 가면 자기를 알아주고 자기를 사랑해 줄까 전전긍긍한다. 그래서 '남자는 자기를 알아주는 자에게 목숨을 바치고, 여자는 자기를 알아주는 자에게 정조를 바친다'는 말도 생겨났을 것이다.

그렇게도 상대로부터 사랑받기에 목말라서 사람들은 역으로 사랑을 쏟아 붓는다.

'내가 너를 어떻게 키웠는데!'

'내가 당신을 어떻게 모셨는데?'

이 모든 탄식들은 기실 자신이 사랑을 받고 싶은 나머지 의식적으로뿐만 아니라 무의식적으로 쏟아 부은 사랑의 부메랑을 간절히 기대했음을 드러내는 한숨소리다. 불행인지 다행인지 애완견을 키우다보니, 자기가 준 사랑에 비하여 강아지는 훨씬 더 많은 사랑을 되돌려 주는 듯하여 '반려동물'의 반열에까지 올려놓았다.

그러나 다른 사람에게 쏟아 부은 사랑의 반향은 그렇지 못하다.

배우자, 자식, 아는 모든 사람들, 그들에게 그토록 쏟아 부은 사랑은 다 어디로 갔을까?

삼베 바지에 방귀 새나가듯 흔적도 없다!
사랑은 정녕 밑 빠진 항아리에 물 붓기일까?
그것도 평생에 걸쳐서 말이다.

제2부

전능자는 왜 신이 되었나?

10. 사랑하고 사랑받기
11. 사랑은 전능자의 발명품
12. 사랑에 꽂힌 전능자
13. 전능자의 사랑 파트너
14. 전능자는 왜 신이 되었을까?
15. 전능자는 유일무이한 신일까?
16. 존재하는 것의 근원

10. 사랑하고 사랑받기

 전능자가 자기도 감당할 수 없는 무거운 바위 하나를 틀림없이 만들었을 것이라는 데까지 대화가 진전된 상태에서 멈춘 지 벌써 일주일이 흘렀다. 그와 함께 겨울은 점점 깊어지고 있었다. 오늘도 젊은 붕어빵 포장마차 부부가 모두 있을만한 시간이다 싶을 때 포장마차를 찾았다.
 "선생님! 일주일을 기다렸어요!"
 "영화 예고편만 보여주고 가셔서 안 오시면 어쩌나 했습니다!"
 "특별히 하는 일도 없이 바쁘게 지냈네요!"
 붕어빵을 더 맛있게 먹기 위해서는 어묵 국물이 입안을 적셔 주어야 한다. 그래서 종이컵 하나에 어묵 국물을 국자로 적당히 퍼 담아 입술에 갖다 댄다. 오늘따라 어묵 국물 간이 잘 맞았다. 그 사이 붕어빵 사장이 붕어빵을 틀에서 꺼내 올린다. 아마도 내가 오기 직전에 손님들이 싹쓸이 해 갔었던가 보다. 장사가 잘 안 되면 기분마저 찜찜할 터인데 다행이었다.
 "두 분이서 같이 생각을 해 보셨어요? 전능자가 아주 그럴듯한 것으로 자기도 들지 못할 바위를 만들었을 것이라고 했었는데, 그것이 무엇인지 말입니다!"

"그것이 어쩌면 또 다른 은하계가 아닐까? 뭐 이런 생각, 그리고 이 우주가 품고 있는 비밀 따위일 수도 있을 수 있지 않을까, 그런 얘기들을 주고받기는 했습니다. 뉴턴의 절대과학 이론에 이어 아인슈타인의 상대성 이론, 여기서 더 나아가 아직도 완전히 풀리지 않은 중성자 이론 등, 여기에 다윈의 진화론도 과학적 증명이 완결되지 않은 수수께끼로 다 풀리지 않았으니, 뭐 그런 것들이 아닐까, 한 주 동안 우리 부부가 모처럼 살림살이 문제가 아닌 전능자의 바위 주제로 즐거운 토론을 했습니다."

"잘 하셨어요! 모처럼 부부가 좋은 시간을 보냈을 것 같아요! 결혼식이 끝나면 부부는 먹고 사는 문제에 빠져서 좀처럼 헤어 나오기 어려운데 한 주 동안 대단히 고상한 주제로 보낼 수 있었던 것 같아서 나도 기분이 좋습니다. 혹시 우리 4차원 아내님이 번뜩이는 기지를 내놓지 않으셨던가요?"

"다른 주제 같았으면 제가 해답을 내놓았을 수도 있었는데요, 이번 문제는 워낙 차원이 고단수잖아요! 제가 오히려 3차원으로 내려앉고 머릿속이 하얘져버렸어요! 선생님!"

"아 그랬군요! 오늘은 투표함을 열어서 발표를 해야 하는데, 어쩐다?"

"무슨 투표함이요?"

"전능자가 자기도 들 수 없는 바위를 틀림없이 만들었을 터인데 그것이 무엇이냐?

이 포장마차 안에 있는 우리 세 사람이 합의가 되어야 하지 않겠어요? 한 사람이라도 동의할 수 없다면 그것은 포장마차 밖으로 선포할 수 없을 것 아닙니까?"

"네, 맞아요! 그건 그래요! 이 포장마차에서 구워낸 붕어빵이 세상을 평정해야지요, 호호호!"

"지금부터 투표합니다! 전능자가 자기도 들지 못하는 바위는 이것이다! 준비되셨나요?"

"저희 두 사람은 일단 기권입니다. 선생님의 한 표가 타당하다면 두 사람은 따라갈 거니까요!"

"고맙습니다! 제가 투표하고 개표하지요! 전능자가 자기도 들지 못하는 바위를 만들었다. 그 바위가 무어냐? 그것은 바로 '사랑'입니다!"

"사랑이요?"

"사랑이요, 선생님?"

두 사람은 조금 맥이 풀리는 듯한 눈치다. '전능자가 들 수 없는 바위'가 '사랑'이라니, 어떻게 거기에 동의할 수 있을까?

붕어빵을 구워 파는 이번 겨울 한철, 재밌을 수도 있겠다 싶었는데 실망스럽다는 표정이 스친다.

"우리 두 양주께서는 '사랑이 별 거드냐?' 이쯤으로 아시는 거 같은데요?"

"사랑을 깊이 알기에는 저희가 아직은 모자란 탓이겠지요, 선생님!"

"그래도 결혼 3년이 넘었으니 이만큼이나마 성찰을 한 거예요!"

"고마워요, 선생님!"

"'결혼 3년이면 사랑에 대한 풍월을 읊을 줄 알아야 한다!' 이렇게 되는 건가요?"

"사람들은 사랑에 대해서 모두가 잘 안다고 생각합니다. 그리고 사랑이라는 말을 그 어떤 단어보다 많이 쓰고, 사랑을 생각하면서 삽니다. 그런데 사랑에 대해서 의외로 잘 알지 못해요! 가장 먼저 사랑에는 두 가지 측면이 있어요!"

"사랑은 명사냐 동사냐?

사랑은 주는 것이냐 받는 것이냐?

이런 유의 것인가요?"

"역시 4차원 아내님의 번쩍이는 예지는 알아주어야 할 것 같아요! 사랑은 둘입니다. 첫째는 사랑하기, 둘째는 사랑받기!"

"그러면 어떻게 사랑이 전능자가 들 수 없는 바위라고 할 수 있지요?"

'사랑하다' 이 문장은 어떤 대상을 사랑하든지, 어떤 대상으로부터 사랑을 받든지 두 가지를 모두 포함한다. 그러나 대부분의 사람들은 사랑받기는 염두에 안 두고 사랑하기만을 의식하고 개념을 정한다. 사랑받기를 제쳐두고 사랑하기만을 생각한다면 이것은 전능자가 들 수 없는 바위가 아니다. 오히려 전능하기 때문에 사랑함에 있어서도 전능함으로서 한다면 그 누구보다도 탁월한 사랑을 할 수 있다. 그러나 전능자가 어떤 객체로부터 '사랑받기!' 이것만 딱 떼어놓고 한번 생각해 보자! 그러면 이것은 전능자도 자기 의도대로 할 수 없는 것이라는 것을 짐작할 수 있다.

"내가 아내님에게 질문하나 할게요! 아내로서 남편의 사랑을 받기 위해서 무엇을 어떻게 하고 있지요?"

"잠자리 같이 해 주고요, 호호호! 출근할 때, 여보 나 뽀뽀해줘! 퇴근할 때, 여보 허그 해 줘! 이렇게 할 때가 있어요!"

"그렇게 요청하면 남편이 그대로 해 줍니까?"

"신혼이라면 신혼이잖아요, 선생님!"

"그러면 한 가지 확인할 것이 있어요! 남편에게 입맞춤과 포옹을 요구해서 남편이 해 줬어요! 그것이 남편의 아내를 향한 사랑이라는 확신을 가지고 있지요?"

"그렇지요!"

"그러나 엄밀히 얘기하면, 부탁해서 받은 사랑, 좀 심하게 말하면 강요해서 받은 사랑, 그것이 진정한 사랑일 수 있을까요?"

"…?"

"그렇습니다! 사랑에 대해서 깊이 생각하지 않은 탓이라서 얼른 이해하기 어려울 거예요!"

전능자가 어떤 대상을 사랑하겠다고 마음만 먹으면 언제라도 할 수 있다. 이것이 사랑이라고 생각될 때 그것을 행하면 된다. 전능자는 전지하기 때문에 어떻게 하는 것이 사랑인 줄 능히 알고 있으므로 그것을 행하면 된다. 그러므로 '어떤 대상을 사랑하는 것' 이것은 전능자가 들지 못하는 바위는 아니다. 그러나 전능자 자신이 사랑을 베푼 그 객체로부터 자신이 베푼 그 '사랑'을 되돌려 받는 일! 이것은 전능자의 권한 밖에 속하는 영역이다.

"전능자는 전능하니까, 전능자가 사랑을 베푼 그 객체가 전능자 자신을 사랑하도록 하면 되지 않을까요?"

"얼른 생각하기에는 간단한 것 같아요! 그러나 사랑이라는 것이 무엇인지 사랑의 속성을 먼저 정리해 둘 필요가 있습니다."

사랑을 이해하기 위해서 사랑과 대립하는 개념 하나를 먼저 떠올리면 쉽게 이해할 수 있다. 어떤 주체의 행위가 사랑이냐 아니냐를 가늠해 볼 때 끌어와야 할 개념이 '조건반사'이다. 어떤 행동이 조건반사라면 그것은 사랑이 아니다. 왜냐면 사랑은 조건에 따른 반동이나 보답이 아니기 때문이다.

'당신이 나를 사랑해 주니까, 나도 당신을 사랑하지!'

이렇게 되면 벌써 그것은 사랑 이전의 조건반사가 된다. 진정한 사랑은 '당신은 나를 미워할지라도 나는 당신을 사랑해!' 이 말이 진실일 때 비로소 사랑이다.

"우와~ 선생님! 오늘 사랑에 새로 눈 뜨고 있어요! 내가 지난 3년 동안 이 남자로부터 바란 것이 바로 이것이었어요! 내가 하는 생각이나 행동을 보고 사랑하지 말고, 무조건 사랑해 다오! 내가 당신에게 잘 해 주니까 사랑한다는 것이 아니라, 나를 그냥, 있는 그대로 보고 사랑해 다오! 내가 늘 주장하는 것이 이것이었어요! 선생님!"

남편 눈에 아내가 예뻐 보이면 '사랑해!' 하고, 아내가 화장도 안하고 추리닝 따위나 걸쳐 입고 남편 눈앞에 왔다 갔다 하면, 마음을 접어버리는 것은 진정한 사랑이 아니라 조건반사이다. 남편의 기대치에 한참 못 미치더라도 연애하고 결혼할 무렵의 마음으로 사랑하는 그 사랑! 그것이 진짜 사랑이다.

바로 여기서 아내가 남편으로부터 받는 사랑을 생각해 보자! 연애 시절과 신혼 시절에는 젊음과 싱싱함과 미모가 있다. 굳이 꾸미고 나서지 않아도 남편의 눈가에 흡족한 미소가 흐른다. 이것을 아내가 남편으로부터 '받는 사랑'이라고 가정해 보자!

이 사랑의 미소가 남편 눈가에 평생 흐르도록 아내가 할 수 있는 일이 뭐 있을까?

만일 남편에 비해 월등하게 많은 수입으로써 가정을 책임지고 남편을 경제적으로 예속시켜서 아내를 사랑하도록 할 수가 있다 치자!

그러면 이렇게 함으로써 남편으로부터 받아 낸 사랑! 이 사랑이 진짜 사랑일까?

경제적 능력으로 남편의 마음을 붙들었으니 이것은 이미 조건반사이지 사랑이 아니다. 아내의 경제적 능력으로 남편으로부터 아내가 받은 사랑은 진짜가 아니다. 그건 무늬만 사랑이다.

아내의 쭈글쭈글해지는 얼굴을 남편이 싫어하니 성형을 해서 얼굴의 주름을 폈다. 그것으로 남편의 마음을 붙들었다면 즉, 남편의 사랑을 받았다면 그것 역시 조건반사이다. 남편은 아내의 변치 않는 미모를 보고 사랑의 마음을 유지할 수 있었기 때문이다.

결국 아내가 남편의 마음을 붙들기 위하여 노력을 해서 받은 사랑은 조건반사라는 뜻이다. 아내가 전능자에 버금가는 능력을 가졌다 치자! 모든 것을 할 수 있다 치자! 그 전능함으로 남편의 사랑을 평생토록 받아 누렸다면 그것은 조건반사이지 진정한 사랑은 아니다.

꼭 남편이나 아내가 아니더라도 내가 어떤 객체로부터 사랑을 받기 위해서 할 수 있는 일이란 아무것도 없다. 결국 전능자가 상대방으로부터 사랑받기의 측면만을 떼어내서 숙고해 본다면 전능자의 전능함조차 무용지물이 된다. 이것이 '사랑받기'의 속성이다.

전능자는 자기의 전능함이 무용지물이 되는 '타자로부터의 사랑받기'라는 '전능자 자신도 들지 못하는 바위'를 만들었다. 그리고 '타자로부터의 사랑'을 기대하기로 작정했다. 만일 전능자가 자기의 전능함으로써 삼라만상을 만들고 그 우주 안에 있는 어떤 객체로부터 '사랑받기'를 기다리고 있다면, 분명히 그 전능자의 '기대 하는 바'는 '자신이 들 수 없는 바위'인 셈이다. 자신이 객체가 되어 '사랑을 받는다는 것'은 전능자도 자기 뜻대로 할 수 없는 영역이다. 전능자는 그것을 시도했다. 그리고 사람들로부터 사랑받기를 고대하고 있다.

"논리적으로 어긋나지는 않는 것 같습니다. 선생님!"

"그럴 듯해요! 선생님! 멋져요! 그런데요, 선생님!"

"우리 4차원 아내님, '그런데요'라고 했나요? 뭔가 미심쩍다는 뜻이지요?"

"네, 가끔 재래시장에 가면요, 녹이 슨 냄비, 양은그릇을 번쩍번쩍 광나게 닦는 약을 파는 장사들이 있어요! 그래서 그 약을 사서 집에 와서 녹슨 그릇을 닦으면 시장에서처럼 그렇게 광이 안 나요!"

"허허허! 오늘 여기 포장마차 안에서 '전능자가 자기도 들 수 없는 바위 = 사랑받는 일' 이것이 꼭 광약 같은 느낌이 든다는 뜻이지요?"

"네! 죄송해요! 선생님!"

"자기야, 너무 성급하지 않아?"

"괜찮아요! 나는 솔직한 것을 좋아해요! 오늘 포장마차 허리를 묶고 집에 들어갈 시간도 됐고 하니, 일단 이 '광약' 외상으로 가져가 보세요! 다음에 반품 받아 줄 테니까!"

"오~ 재미있어요! 선생님! 이 광약 제가 외상으로 가져갑니다!"

"그렇지만, 나는 붕어빵 값 현금으로 지불합니다!"

"고마워요! 선생님! 너무 오래 기다리게 하지 마시고요! 꼭 오셔야 해요!"

"반품하려고요? 껄껄"

"감사해요! 선생님!"

11. 사랑은 전능자의 발명품

　나는 신바람이 났다. 생각 같아서는 매일 저녁마다 붕어빵으로 저녁을 때우면서 포장마차 담론을 하고 싶었다. 그러나 그럴 수는 없다. 붕어빵은 매일 저녁 식사대용으로 해도 될 만한 먹을거리는 아니다. 붕어빵은 어쩌다 한 번씩 먹어야 제 맛이다. 그리고 붕어빵 젊은 사장 부부에게 생각할 거리를 던져주었으니 충분한 시간도 뒤따라야 토론도 재미가 있다. 그들에게 적당한 시간적 여유를 주고, 나도 생각을 꼼꼼히 정리할 필요가 있었다. 됐다 싶을 때 포장마차를 찾아갔다.
　"선생님! 어서 오세요! 그렇잖아도 조바심이 났어요!"
　"다행이에요! 조바심이 났다니, 나도 흥이 납니다!"
　"그런데요 선생님! 전능자는 자기가 들 수 없는 바위로서 왜 하필 사랑을 떠올렸을까요?"
　"사랑을 떠올린 것이 아니지요!"
　"그럼요?"
　"사랑이라는 개념을 처음 창안하고 시행했다고 봐야 합니다. 전능자는 모든 것을 새롭게 시작해야 하는 위치에 있었습니다. 전능자가 무언가 만들지 않았을 때는 아무것도 없었다고 가정할 필요가 있어요! 사물도 없었고 개념도 없었던 상태에서부터 전능자가 시작했다고 전제를 해야 전능자가 진짜 전능자이지, 이미 무언가 존재하는 상태에서 전능자를 이야기한다면 그 이전에 존재하는 것들은 누가 만들었느냐의 문제가 제기됩니다!"

"그럼 여기 붕어빵 포장마차 안에서의 담론은 우리가 느끼고, 우리가 경험하고, 우리가 보는 모든 것이 전무한 상태에서 무언가를 만들기 시작한 전능자, 그 전능자로 정의해야 되겠어요! 선생님!"

"그렇게 시작을 해야지 온전한 전능자에 대한 담론이 됩니다. 중간에서 시작하면 어정쩡해져요! 우리가 상정하는 전능자는 '존재'[1]라고는 전혀 없는 무(無)의 상태에서 처음으로 존재하는 것들을 만든 전능자여야 합니다!"

"붕어빵이라는 개념도, 모양도 없는 상태 즉, 붕어빵이 세상에 나오기 이전에 처음 붕어빵을 만들기 시작한 전능자! 이렇게 되어야 할 것 같습니다! 선생님!"

"그보다 더 앞서야합니다. 붕어도 없었던 때, 먹는다는 개념조차 없을 때가 되어야겠지요! 그나저나 붕어빵을 처음 만든 사람이 누구일까요?"

얘기가 너무나 진지해지면 지치기 쉽다. 그래서 얘기가 나온 김에 붕어빵에 잠깐 관심을 갖는 것도 괜찮지 싶었다.

"어떤 자료에서 보니까, 일본 사람들이 물고기 모양으로 빵을 구워내기 시작하면서 붕어빵이 나왔다는 기록을 얼핏 본 것 같기도 합니다."

"아무튼 그 사람이 누군지 모르지만 창의력 하나만큼은 알아줘야 할 것 같아요!"

---

1 있는 모든 것들, 사람들이 감지할 수 있는 모든 것들을 의미한다.

"붕어빵을 처음 만들어내듯이, 전능자는 사랑을 처음으로 설계하고 만들기 시작했을 겁니다!"

"아! 그렇군요, 기존에 있는 여러 가지 개념 중의 사랑이 아니라, 전능자가 설계하고 디자인하고 실행하는 최초의 아이템으로 사랑을 시작했다는 뜻이지요, 선생님?"

"그렇습니다!"

"저희는 지금까지 그런 생각을 한 번도 안 해봤어요, 선생님!"

"누구나 다 그럴 겁니다!"

전능자는 뭐든지 할 수 있는 능력을 가지고 있다. 또 뭐든지 모르는 것이 없이 훤히 다 알고 있다.

이 전능자는 어떤 생각을 했을까?

자신의 능력 범위 내에서 할 수 있는 것은 의미가 없고 흥미도 없다고 여기지 않았을까?

마치 인간이 에베레스트에 도전장을 내미는 것이 세상 모든 사람들의 관심과 흥미를 유발하고, 거기 오르는 사람은 자기 능력의 한계를 뛰어넘는 도전이라는 차원에서 온갖 짜릿함과 성취감을 누리듯이, 전능자도 그런 일을 해 보고 싶지 않았을까?

사람들이 대체적으로 품고 있는 탐험정신이 전능자에게도 있었을 것이다. 또한 불가능에 도전하고 과연 그것이 성취될 것인지 일종의 도박판에 뛰어들고픈 마음 또한 전능자에게도 있었다고 가정하는 데 큰 무리는 없을 것이다. 등산가에게는 히말라야가 최종 목표이듯이 전능자에게도 어떤 최종 목표가 있을 때 전율을 느끼면서 해 보고 싶을 것이다. 그렇다고 아무런 의미도 없이 자신도 들어 올리지 못할 바위덩어리를 떡하니 하나 만들어놓고 스스로 무능력의 나락으로 떨어지고 싶은 전능자는 상상할 수 없다.

전능자에게 '히말라야'는 무엇이 되어야 할까?

이 또한 전능자는 스스로 만들어내야 한다. 사람들이야 기왕에 있는 여러 산 중에서 가장 높은 히말라야 정상에 오르는 것을 목표로 설정할 수 있지만, 전능자에게는 기존의 것, 이미 있는 존재는 전혀 없다. 이미 있는 것들 중에서 하나를 목표로 삼을 수 있는 환경이 아니다. 전능자는 전능자 자신에게 분명하고 의미 있는 도전 목표를 새롭게 창안해 내야 한다.

그것이 무엇일까?

"전능자는 외롭겠어요! 선생님!"

"그래서 개척자는 외롭다는 말이 있잖아! 자기야!"

"그렇지요! 개척자는 외롭지요!"

탐험가에게 히말라야가 있듯이, 전능자는 전지자로서 그 누구도 반론을 제기할 수 없고, 그 정상에 오르는 일에 무궁한 가치가 있으며, 영원토록 퇴색하지 않는 목표를, 전지함과 전능함을 발휘하여 만들어내야 했다. 그것이 오늘날 사람들 사이에서 회자되는 '전능자도 들어 올리지 못하는 바위'가 되어야 한다.

그 바위를 만들어놓고 전능자가 무능자로 추락해서도 안 된다. 전능자가 설령 그 바위 밑에 깔려 낑낑대더라도 '이 일은 무한히 수고하고 희생할 만한 가치가 있다!'고 자타가 수긍할 수 있는 것이어야 한다. 그래야 전능자를 '할 일 없는 전능자,' '쓸 데 없는 것이나 만들어 괜히 고생시키는 전능자'라는 푸념과 원망을 듣지 않는다.

전능자는 한편으로 모든 것을 다 아는 전지자이니까 이 모든 조건을 충족시키는 '전능자도 들어 올리지 못하는 바위'는 무엇이어야 한다는 것도 안다. 그러기에 전능자이다. 그 전능자가 만든 '전능자도 들어 올리지 못하는 바위' 그것이 바로 '사랑받기'이다! 이것이 우리 붕어빵 포장마차 안 세 사람이 모두 찬성해야 할 동의안이다!

"두 분 모두 동의가 되십니까?"

"좀 더 토론이 있어야 하지 않을까요? 그동안 저희들의 사랑에 대한 생각이 워낙 짧아요!"

"내 생각에는 두 분이 먼저 동의를 하고나서 우리가 토론을 이어가더라도 크게 문제 될 것이 없다고 봅니다."

"왜 그렇지요?"

"대부분의 주제들은 모든 내용을 다 알고 토론해야 하지만, 그렇지 않은 경우도 있어요! 안건에 대한 이해가 조금 미진하더라도 먼저 동의한 다음에 토론을 이어가다보면 '아하! 그렇구나!' 하고 동의할 수 있게 되거든요! 그런데 사전에 이해가 조금 부족하다고 동의하지 않으면 그 '우물' 속은 평생 들어가 볼 수 없는 경우가 있지요!"

"선생님께서 가끔 이렇게 오셔서 유익한 담론을 해 주시고, 선생님이 계시는 동안 우리도 덜 심심하고, 또 선생님이 포장마차 안에 서 계심으로서 지나가던 행인들도 선뜻 들어올 수 있어서 붕어빵 매상도 올려주시고 하시니, 선생님 말씀대로 먼저 동의하기로 하지요!"

"자기야! 너무 솔직하다! 선생님이 무안할 정도로! 사업에는 적당한 숨김과 비밀이 있어야 하는 건데!"

"자기 말이 옳기는 해! 그러나 지금 이 붕어빵 포차는 워밍업이잖아! 여기서는 그렇게 하지 않더라도 나중에는 사업다운 것 하나 해서, 멋지게 대박 터뜨리도록 할 터이니, 자기는 직장이나 잘 붙들고 있어! 자기까지 실업자가 되면 우리 가정에 위기가 올 수도 있어!"

"맞아요! 사나이라면 포부가 있어야지요!"

"선생님! 이 사람이 갑자기 포장마차 버리고, 무지개를 향해서 달려가면 완전히 돈키호테가 될 지도 몰라요, 호호!"

"암튼, 오늘 정리해 둘 것은 사랑은 전능자가 만든 아이템이다! 전능자가 심혈을 쏟아 만들어낸 발명품으로서 사랑에 대한 지적소유권은 전능자가 가지고 있다! 이 점을 분명히 해 두어야 할 것 같습니다!"

"네~, 분명히 해 두겠습니다. 호호호!"

"사랑하고, 사랑받는 일, 둘 다 그렇지만 그 중에서도 타자(他者)로부터 사랑을 받는 일, 이것은 전능자의 전능한 능력으로도 안 되는 것이다! 왜냐하면 전능자가 만일 자신의 전능함을 휘둘러, 타자가 자기를 사랑하도록 프로그래밍 하면 그 순간부터 그것은 사랑이 아니라 조건반사가 되기 때문이다! 자기는 이것이 잘 정리가 돼?"

"나야 정리가 되는데, 자기가 잘 안 되었잖아?"

"그동안 두 분이서 토론을 좀 했던가보지요?"

"네, 집에서 차 마시면서 선생님이 말씀하신 '사랑받기'가 무엇인지 정리를 시도해 봤어요!"

어떤 아버지가 있었다. 이 아버지는 자기의 아들로부터 사랑과 공경을 받고 싶었다.

어떻게 하면 내 아들이 나를 아버지로서 진심으로 공경하고 사랑해줄까?

그래서 아들이 원하는 것이 뭔지를 은밀히 파악하여 아들에게 해 주기 시작했다. 아들이 생각하는 범위 안에서 아들이 원하는 것은 다행히 아버지로서 대부분을 다 해 줄 능력이 되었다. 그래서 해 달라는 것을 다 해줬다. 그런데도 아들은 가끔 아버지의 권위에 반항했다. 아버지는 아들의 반항의 원인을 알 수 없었다. 그래서 어느 날 아들을 불러놓고 말했다.

"아들아! 내가 아버지로서 네가 원하는 것을 모두 해 줬다. 그런데 네가 나를 아비로서 공경하지 않는 것 같구나!"

아들은 아버지의 그 말에 고개만 푹 수그리고 있을 뿐 다른 말이 없었다. 그리고 며칠이 지나면 아버지의 권위에 다시 반발하기를 거듭했다. 아버지는 비상조치를 했다.

"네가 다시 한 번 아버지에게 반항하면 너에게 해 주던 것을 모두 끊겠다. 그러니 너는 아버지를 부모로서 깍듯이 공경하고 사랑해 주어야 한다."

"알겠습니다!"

아들은 그 후부터 아버지 앞에서 아버지를 공경하고 사랑하는 것처럼 행동했다. 왜냐면 자기에게 필요한 것을 아버시가 나 공급해 주는데, 자칫 모든 것이 중단될 위기가 올 수도 있음을 알았기 때문이다. 그러나 이렇게 해서 아버지가 얻은 아들로부터의 공경과 사랑은 진정한 사랑이 아니다. 그것은 아버지가 자기의 능력으로 윽박질러 얻어낸 복종일 뿐이다. 이것을 모르지 않는 아버지는 고민에 빠졌다.

어떻게 하면 아들로부터 아버지로서 받아 누릴 수 있는 존경과 사랑을 획득할 수 있을까?

아들은 그렇게 잘 해 주는 아버지에게 무엇 때문에 불만을 품었을까? 그리고 강요에 못 이겨 마지못해 아버지를 사랑하는 척 행동할까? 아버지가 아들의 사랑을 기대하면서 할 수 있는 일은 무엇일까? 아들 또한 어떻게 하면 아버지에 대한 존경과 사랑이 샘솟게 될까? 바로 이 아버지와 아들의 문제가 '전능자가 들어 올리지 못하는 바위'

일 수 있다.

이 문제를 앞에 두고 아버지와 아들은 평생을 두고 씨름을 해야 한다. 아버지와 아들이 한 가족으로서 가정을 이루고, 사회의 구성원으로 살아가면서 한 평생 살아가는 목적이 어쩌면 바로 이것일 수 있다.

'전능자가 들어 올리지 못하는 바위'

"저도 아버님이 지금 서울에 계시는데요! 아버지와 저와의 문제가 딱 그래요! 저희 아버님은 저에게 합리적인 것이라면 다 해 주시는 편이거든요! 그런데 제 입장에서 보면 딱 2% 부족해요! 그래서 아버지 앞에 서면 몸이 굳는 것 같고, 내 행동이 부자연스러워지는 것 같고, 그런 나를 보시고 옆에서 어머님도 가끔 지적을 하시는데, 도무지 해결할 수 없는 문제인 것 같은 느낌이 들어요! 그래서 그냥 포기하고 남들 하는 것처럼, 예의 갖추고 아버님 앞에서는 공손한 척 행동합니다!"

"그 집안에도 전능자가 들지 못하는 바위가 있네!"

"선생님 저희 친정에도 그것이 있어요!"

"결국 모든 문제의 귀결은 '사랑'이라는 데는 동의할 수밖에 없다는 뜻이 됩니다!"

"맞습니다! 우리가 살아가는 동안에 발생하는 모든 문제의 원인이 사랑에서 비롯되고, 또한 그 문제를 풀기 위한 만능열쇠는 '사랑' 바로 그거라는 데에 공감이 됩니다."

"부부갈등 여기에도 해결의 열쇠는 '사랑' 부모와 자녀 간의 갈등, 형제 간의 갈등, 친구 간의 갈등, 사제지간의 갈등, 사회 각 계층 간의 갈등, 모든 갈등에 대한 해결책은 '사랑' 한 마디로 정의할 수 있어요! 아무것도 없는 상태에서 맨 처음 시작을 일으킨 전능자가 자기도 들지 못하는 바위를 '사랑'이라는 것으로 만들었기 때문에 이렇게 되었어요!"

"맞아요! 선생님!"

"그렇다고, 사랑이 답이라고 해서 사람들은 불만을 가지지 않아요! 단지 자기의 사랑이 부족함을 탓할 뿐입니다. '내가 더 사랑해야지!' 이러한 세상에 우리가 살고 있어요!"

"전능자가 참으로 잘 만든 것 같아요! 자신도 들 수 없는 바위지만, 그 바위가 사랑이라는 데에 이르러서는 '전능자가 무능하다'고 비난하지 않을 것 같습니다. 그 전능자 말고 다른 전능자가 어디 없나 하고 다시 찾아 나설 필요도 없이, 이쯤 되면 전능자의 작전은 일단 성공이라고 봐야 할 것 같지요?"

"사랑의 묘약이라는 오페라가 생각나요 선생님!"

"그 오페라 봤어요?"

"제목만 들어봤어요!"

"암튼 사랑은 묘약입니다! 사랑은 만능키예요! 우리가 해야 할 가장 큰 일은 사랑입니다!"

"그 사랑의 지적 소유권이 전능자에게 있다는 거지요, 선생님?"

"그렇지요!"

12. 사랑에 꽂힌 전능자

    붕어빵 포장마차 안에서 세 사람이 합의한 전능자는 존재하는 사물이라고는 아무것도 없는 상태에서, 또한 존재하는 개념 역시 아무것도 없는 상태에서, 뭔가를 만들기 시작한 전능자이다. 그 전능자가 무언가 하기 이전에는 '함으로써 비롯한 사물과 개념'이 없어야 하기 때문이다. 그런 상태에서부터 있었던 전능자가 붕어빵 포장마차 안에서 세 사람이 합의한 전능자이다.
    이 전능자는 또한 전지자이다. '안다'고 여겨질 수 있는 모든 것을 다 아는 존재로서의 전능자이다.
    그 전능자는 어떤 고민을 했을까?
    '나는 모든 것을 다 알고 모든 것을 다 할 수 있다.
    그렇다면 내가 할 것이 무엇일까?'
    물론 무엇인가 하지 않아도 무방하다는 것도 안다. 그러나 아무것도 안 하는 전능자라면 그 또한 의미가 없는 전능자이니, 전능자는 무언가 하지 않을 수 없다. 그래서 전능자는 하고 싶다.
    '내가 무엇을 할까?
    나는 무엇을 해야 할까?'

그렇다고 전능자가 식은 죽 먹듯이 할 수 있는 시시한 일이나 '한다면' 그건 하나마나다. 그런 일은 의미가 덜하다. 전능자의 심심풀이가 되어서는 안 된다. 전능자는 전능자만이 할 수 있는 것을 하고 싶다. 전능자는 고민도 한다. 전능자이니까! 고민도 할 수 있는 능력 중의 하나다!

전능자의 고민은 무엇일까?

그 전능자가 만일 우주를 창조했다면, 전능자는 인간의 오감[1]으로 인지할 수 있는 사물을 먼저 만들었을까, 아니면 인간의 이성과 사색으로 이해 가능한 개념을 먼저 만들었을까?

동시라고 대답할 수도, 사물이 먼저라고 말할 수도, 개념이 먼저라고 답할 수도 있다. 어쩌면 동시라고 대답하는 것이 맞을지도 모른다.

그러나 인간의 이해 패턴에 따르자면, 아무래도 개념이 먼저 아닐까? 아이디어가 있은 후에 사물이 만들어지니까 말이다.

전능자가 한 일에도 이 틀을 적용하기로 하자! 전능자는 개념을 먼저 생각했을 것이다.

그리고 그 개념에 맞춰 사물을 만들었을 것으로 전제해도 무리가 없지 않을까?

물론 전능자에게는 우리가 인식하는 시간적 개념의 선후는 의미가 없을지도 모르지만 말이다. 암튼 전능자가 개념을 먼저 생각하고 그에 맞게 사물을 만들었다고 봄이 우리의 사고구조상 편하다.

전능자가 전능자답게 만들어놓고 자기도 흡족하고, 인간의 오감과 이성으로 보아도 못 미침이 없고, 그러면서도 자칫 인간들의 조롱 거리가 될 수도 있는 '전능자가 만든 전능자가 들지 못할 바위'라는 함정에도 빠

---

[1] 보고, 듣고, 냄새 맡고, 맛을 보고, 만져볼 수 있는 다섯 가지 감각

지지 않을 것으로서 붕어빵 포장마차 안에서는 '사랑하고 사랑받기'로 합의를 봤다.

왜 이렇게 합의가 되었을까?

전능자가 사람을 만들면서 사람들 모두가 전능자를 대번에 자기들의 창조자로 알아보고 그에 합당한 예의를 갖추도록 장치를 했다면, 전능자가 받는 사람들로부터의 예우가 얼마나 보잘 것 없는 것이 될까?

마치 독재자가 모든 인민을 총칼로 겁박하여 꼼짝 달싹 못하도록 한 상태에서 복종을 받는 것과 같다.

이런 전능자라면 얼마나 하찮은 전능자인가?

전능자는 사람을 만들 때 사람들이 전능자를 사랑할 수 있지만, 전능자를 무시할 수도 있는 충분한 가능성을 용인해야 한다. 그런 다음 그들 가운데 전능자를 알아보고, 전능자에 대한 예우를 깍듯이 하는 자를 기대해야 한다.

혹시라도 사람들 중에 전능자가 받아야 할 예우를 하는 이들이 있다면 전능자는 거기에 만족할 수 있지 않을까?

사람들 중에서 혹이 전능자에게 합당하게 갖추는 예우!

그것을 무어라 불러야 할까?

그들은 전능자를 무시하는 다른 사람들과 전혀 다르지 않은 조건아래 처해 있다. 그럼에도 전능자의 존재를 인정하고 전능자가 한 일에 대한 의미를 인정하고, 전능자가 흡족해 하는 예우를 갖춘다.

그때의 그 예우를 무엇이라고 해야 할까?

전능자는 그들에게만 특별하게 대우한 일이 없다. 그럼에도 그들이 전능자를 인정했다. 그리고 예우했다. 이 '예우받음'을 전능자는 '사랑받음'이라고 이름 붙였다. 이것이 붕어빵 포장마차 안에서 세 사람이 합의한 '사랑'의 첫 개념이다.

전능자는 이러한 '사랑'의 개념을 떠올리고 무릎을 쳤다. 그래 맞다! 사랑을 받아 보자, 사랑을 해 보자!

'사랑!' 이 말에는 '사랑하기'와 '사랑받기'가 함께 들어있는 개념이다. 전능자는 '사랑하기'는 자기의 영역 안에 두어 '사랑하기'를 전능자의 전능과 전지로써 무한히 해 보리라 결단하고, '사랑받기'는 자기의 권능 밖에 있는 영역으로 두었다.

왜 '사랑하기'는 무한히 해야 할까?

전능자의 전능함을 여기서 굳이 아껴둘 필요는 없다. 전능자의 전능과 전지를 한껏 베풀어 보자! 왜냐면 그런 연후에 어떤 사람들로부터 '사랑받기'를 기대해 보자는 심산이다. 그렇다고 자칫 '사랑하기' 속에 전능자가 은근히 '사랑받기'를 염두에 두고 한 쪽으로 치우친다면 그때는 전능자가 기획한 사랑은 이내 어그러지고 말 것이다. '사랑하기'는 양껏 하되, '사랑받기' 위한 조작은 금물이다. 조작이 들어가는 순간 사랑은 신기루처럼 사라진다.

'사랑받기'는 단순한 개념이 아니다. 전능자의 전지함으로 찾아낸 묘약이기 때문이다. 누군가가 전능자를 '사랑한다'고 했는데, 그 이면에 은근히 다른 속셈이 있거나, '사랑한다'고 함으로써 기대하는 뭔가가 있다면 그 사람의 전능자를 향한 '사랑'은 이미 사랑이 아니라 조건, 혹은 조건반사가 되고 만다.

전능자는 이 '사랑'에 무한한 매력을 느끼고 거기에 꽂혔다. 전능자가 '사랑'을 목적으로 전능함과 전지함을 발휘한다면 아무도 비난할 이유가 없다. 또한 '사랑받기' 개념을 만든 전능자에게 '자신도 감당하지 못할 바위'를 만들었다고 손가락질 하는 사람도 없을 것이다. 사랑하고 사랑받는 일에 인류가 모든 것을 건다한들 누구도 비난하지 못할 것이기 때문이다. 사랑은 그만한 가치가 있다.
 그래서 전능자는 '사랑'에 꽂혔다. 사랑은 전능자가 꽂힐만한 충분한 가치가 있는 개념이다.
 사랑에 꽂힌 전능자는 어떻게 해야 할까?
 사랑하고 사랑받는 장을 만드는 일에 착수했다.
 "우리 붕어빵 포장마차 안에서 또 하나 합의해야 할 것이 있어요!"
 "말씀해 보세요! 선생님!"
 "기왕에 전능자 담론을 시작했으니, 전능자가 삼라만상을 만들었다는 가정에 합의해야 할 필요가 있습니다. 그래야 다음 이야기가 이어질 수 있어요!"
 "우리가 사는 지구를 포함하여 모든 사물은 물론 사람들까지 전능자가 만들었다는 내용에 합의하자는 말씀이시지요?"
 "그렇습니다!"
 "그러면 신의 창조론에 동조하는 셈이 되는 것 아닌가요?"
 "자기야! 아직 봄이 오려면 멀었고, 이 붕어빵 포장마차 아직 한참을 더 해야 되니까, 동의하자, 호호!"
 "자기는 내가 이 붕어빵 포장마차 때려치우고 봄이 올 때까지 빈둥거리는 것은 못 봐주겠다 이거지?"
 "그렇게 정곡을 콕 찍으면 어떻게 해? 선생님 앞에서!"
 "하하하하! '모란이 피기까지 나는 아직 나의 봄을 기다릴래요!'"
 "선생님 그 시 한 구절은 어쩐지 어설퍼요! 밖은 아직 너무 추워요!"
 "선생님과의 만남이 저희 부부에게도 유익이 작지 않아요! 선생님의 제안에 찬성표 던집니다!"

"고마워요! 찬성하고 나면 그 다음에 무궁무진한 재미가 펼쳐질 겁니다!"

"사랑해요! 선생님! 호호호"

"선생님! 저도 선생님 사랑해요! 하하하"

"옆구리 찔러서 받은 사랑은 조건반사입니다! 암튼 나도 붕어빵 포장마차 부부를 사랑합니다! 껄껄껄"

13. 전능자의 사랑 파트너

"사랑이라는 아이템이 밝혀졌으니 슬슬 시작해 볼까요?"
"선생님! 전능자가 사랑을 목적으로 정했다면, 전능자가 과연 누구와 사랑을 주고받을지 대상이 있어야 할 터인데, 그 대상도 전능자가 설정하고 자기의 전능함으로 만들어야 하겠지요?"
"아내님의 4차원 촉각이 빛을 발하고 있어요!"
붕어빵 포장마차 전능자 담론에서는 전능자가 자기의 사랑 파트너를 '사람'으로 정하고 사람을 지어냈다는 전제를 이미 해둔 상태에서 진행되어왔다. 그러나 이쯤에서 이 부분에 대한 정리가 필요하기도 하다.
우리 인간이 알고 있는 모든 존재 중에서 '전능자'에 대한 논란을 벌이는 이들은 오직 인간뿐이다. 사람들만이 '전능자'에 대한 개념을 가지고 전능자 담론을 펴나갈 수 있다. 이는 자기 존재에 대한 질문을 할 수 있는 존재가 사람뿐이라는 것을 의미한다. 인간과 흡사한 모습을 지닌 영장류 중에서 지능이 고도로 발달했다는 침팬지 등의 동물이 자기 존재에 대해 성찰했다고는 그 누구도 말하지 않는다.
인류는 오래전부터 '나는 누구인가?'라는 질문을 해 오고 있다. '나는 어디서 와서 어디로 가며 무엇을 해야 하는가?'를 끊임없이 묻고 답하면서 역사를 이어오고 있다. 이것은 다름아닌 존재의 시작과 근원에 대한 질문이다. 그동안 인류는 이 존재에 대한 질문에 대한 답을 몇 가지로 추론해 오고 있다.

첫째는 '저절로' 있다는 답이다. 존재의 시작이 언제부터인지 명쾌하게 밝힐 수 없는 한계 때문이기도 하지만 어떤 작위적인 힘에 의해 발생했다는 근거도 밝힐 수 없는 마당에 '저절로 있었다'는 대답은 상당히 합리적인 것처럼 여겨지고 받아들여졌다. 요즘의 빅뱅이론과 진화론이 이 입장의 선봉에 서 있다.

둘째는 '누군가' 이렇게 만든 이가 있을 것이라는 추론에 근거한 입장이다. 아무리 사소한 것이라도 만든 사람이 있으므로 존재하는 것처럼, 우주도 만든 주체가 있을 것이라는 당위에 근거하여 인류의 자기 존재에 대한 질문의 답을 구하는 입장이다. 이 입장에 선 자들이 바로 '전능자'를 인정하자는 부류이다. 붕어빵 포장마차 전능자 담론은 이 입상에 서 있다.

셋째는 '저절로'와 '전능자' 양측의 팽팽한 주장에 대하여 명쾌하게 납득할만한 근거 제시가 없다는 점을 들어 그것은 '알 수 없다'는 부류가 생겼다. 인간의 모든 역량으로도 알 수 없는 문제를 가지고 씨름하는 것은 무익하다는 것이다. 이런 사상을 '불가지론'으로 부를 수 있다.

넷째는 '저절로' '전능자' '알 수 없다'에 대하여 굳이 관심조차 갖지 않는 다수의 서민들이 있다. 고상한 철학의 논란에 참여할 만한 지식을 갖지 못했다고 이들을 무시하는 것은 교만이다. 오히려 역사에서 더 중요한 역할을 한 이들은 '민초'로 불리기도 하는 이 사람들이다.

"한국 사람들 좋아하는 사지선다형 출제 방식이 여기서 나온 거 아니에요, 교수님?"

"자기야! 요즘은 오지 선다형이 주류야!"

"암튼 몇 가지 사례 중에서 하나를 골라라! 이것은 인류에게 영원한 숙제입니다. 그래서 사람이 피해 갈 수 없는 것 둘이 있는데…"

"죽음은 그 누구도 피할 수 없다는 것은 쉽게 답이 나옵니다. 선생님!"

"맞습니다. 죽음을 피할 수 없고, 다음으로 피할 수 없는 것이 선택이라는 거지요!"

"결혼도 선택입니다. 선생님!"

"결혼이 선택이라는 말은 '사랑도 선택이다' 이렇게 될 수 있겠지요?"

"네!"

"네!"

"사랑은 선택으로 시작하도록 전능자가 의도한 것이라고 봐야지요! 그러니 위의 네 가지 관점 중에서 절대적인 정답을 사람들은 영원히 단정 짓지 못할 겁니다!"

"그러면 전능자 담론의 유익은 무엇인가요?"

"얼른 짧게 대답한다면, '사랑하느냐?'는 물음에 직면해야 한다는 것이지요! 이 네 가지 관점에서 '사랑'이 개입할 수 있는 주제가 '전능자' 거든요!"

"아~글쿤!"

"자기야! 선생님 앞에서?"

"'아 그렇군!' 그거 나도 알아요! 하하하!"

사람을 어떻게 보는가에 대한 인류의 자문자답에서는 위의 네 가지 입장에 따라 달라진다. 한편 모든 사람들이 위의 네 가지 분류 중 어느 하나에만 속해 있다고는 할 수 없음도 염두에 두어야 한다. 대부분의 사람들은 위의 네 가지 입장을 수시로 오고가면서 삶을 영위해 나간다.

위의 네 가지 입장을 신에 대한 태도로서 유신론과 무신론으로 나누려는 시도가 있었다. 그래서 아무개가 유신론자냐 무신론자냐고 묻는 질문도 있다. 신 개념은 아무래도 '전능자'를 지지하는 태도에서 비롯했다고 본다.[1] 신을 인정한다는 뜻은 '저절로'를 부인하고 '전능자'를 긍정하는 태도이다.

"선생님! 우리 붕어빵 포장마차 전능자 '교실' 호호호! 교실이라고 해도 되겠지요?

'세미나'라고 해야 되나요?

암튼 전능자는 유일한 자기의 사랑 파트너로 사람을 지었다고 전제하자는 뜻이지요?"

"그렇지요! 지금까지도 그렇게 진행이 되어왔고요, 또 앞으로도 그렇게 진행이 되어야 할 것 아니겠어요?"

"선생님! 그렇다면 전능자는 '가만있기보다는 뭔가를 하기로 결정'하고 그 일의 목적을 '사랑하고 사랑받기'라는 아이템으로 정했습니다. 그런 다음 자신의 사랑 파트너로 설계된 존재가 인간이다. 이렇게 되는 거지요?"

"그렇습니다. 남편님도 붕어빵을 구워내면서도 잘 따라와 주고 계십니다! 하하"

"그렇다면 전능자는 자기가 창조한 이 우주를 사람이 살아가기에 적합한 환경으로 만들었다고 보아야 하겠습니다!"

"전능자는 사람을 특별대우 했네! 그렇지요, 선생님?"

"맞습니다. 전능자는 사람을 특별대우 할 뿐 아니라, 자기 사랑의 파

---

1 다음의 주제 '전능자는 왜 신이 되었나?'를 참조하기 바람.

트너가 될 인간들 중에서 나중에 자기를 배신하고 등을 보일 줄을 미리 알지만, 미리 용서하고 지어냅니다!"

"앞에서 '용서'를 다룰 때 '부모는 자녀를 낳기 전에 미리 용서한다.' 이것이 전능자의 경우에는 전능자가 뭔가 일을 시작하기 전에, 전능자가 만들기 시작하기 전에, 전능자가 사람 지을 것을 계획하는 단계에서 이미 용서했다. 이렇게 되나요?"

"그렇습니다!"

"그렇다면, 모든 사람들이 전능자의 용서를 받았는데, 굳이 전능자를 인정할 필요가 무엇인가 하는 문제가 돌출되는 것 아닌가요, 교수님?"

"남편님의 체계적인 생각에 의한 질문은 그냥 넘길 수 없게 하네요, 하하!"

내가 잠시 뜸을 들였다.

"우리가 전에 '용서는 관계를 낳는다.' 기억하시지요?"

"네, 기억합니다!"

"용서가 관계로 이어지지 않았을 때, 그 용서에 의미가 있을까요? 용서의 선포인 결혼식을 하고 부부관계가 되었는데, 부부관계를 끝냈을 경우, 용서의 의미도 멈추게 된다고 우리는 해석할 수 있을 겁니다!"

"그러니까, 교수님 말씀은 모든 사람들이 이미 용서를 받았지만 그들 중에서 일부는 전능자와 관계를 맺고, 일부는 그렇지 않다는 뜻인 거 같아요!"

"맞습니다! 전능자 담론은 바로 그 점에서 의의가 있습니다!"

"자기야! 우리는 전능자와 관계를 맺은 거야?"

"솔직히 말하자면, 우리는 그동안 '관심없다' 쪽에 속했다고 보아야 할 텐데…!"

"그렇지!"

아내가 잠시 새침해 진다.

"교수님! 네 가지 선택지를 오직 하나만으로 통일할 수는 없는 것일까요? 그렇게 되면 사람들 간의 갈등도 아주 많이 줄어들고, 이념이다 사상이다 하는 복잡한 논란을 피할 수 있을 터인데요?"

"위에서 언급한 네 가지 입장들은 나름대로 모양을 다 갖추고 있어요! 어느 한 쪽이 다른 쪽을 완벽하게 제압할 수 없도록 묘한 짜임을 지니고 있어요! 아마도 사람들로서는 네 가지 관점을 어느 것 하나로 통일하기가 매우 어렵게 되어 있다고 봅니다."

"교수님! 이것이 맞는 것처럼 보이다가도 저것이 옳게 보이고, 저것이 옳게 보이다가도 다른 한편으로 들여다보면 그것이 아니고, 그렇다면 인간은 미로 속을 헤맨다고 봐야 하는 것 아닌가요?"

"아내님의 지석이 꽤 예리합니다! 그런데요, 우리는 지금 '전능자' 편에서 담론을 펴나가고 있어요! 이 입장에서 볼 때, '인간이 미로 속을 헤매고 있다.' 이것은 전능자가 의도한 것이 아닌가 이렇게 봐야 옳습니다."

"그건 왜지요?"

"아까 우리가, 사람이 피할 수 없는 두 가지 중에서 하나가 '선택!'"

"아! 맞다!"

아내의 질문에 남편이 짧게 대답해 준다. 남편은 붕어빵을 구워내고 어묵 국물이 짜다 싶으면 적당히 물을 첨가하고, 새로운 어묵을 집어넣어 적당하게 익혀내면서도 전능자 담론을 열심히 좇아오고 있었다.

"그런 중에서 전능자를 선택하고, 전능자를 지지하고, 전능자의 의지를 존중하고, 나중에는 자기의 의지보다는 전능자의 의지에 순종하는 태도! 이것을 전능자는 바라고 있기 때문일 것입니다. 사람들 중에서 이렇게 전능자의 의지를 자기의 의지 위에 두는 것이 전능자가 의도한 '사랑'입니다."

"맞아요! 자기야! 자기가 자기의 의지보담도 내 의지를 존중하고 내 의지에 순종해 달라는 거지! 그것이 남편의 아내 사랑이라는 것이 내 견해였는데, 그것이 틀리지 않다는 것을 오늘 알았네! 교수님 고마워요! 호호호!"

"아내님 기뻐하는 모습이 참 좋습니다! 남편이 아내를 사랑하기 위해서는 아내의 윗자리에서 아래로 내려와야 합니다!"

사랑은 윗자리가 아닌 아랫자리에서 해야 한다.

"멋져요, 교수님!"

"허허! 전능자도 사람을 사랑하려면 아랫자리로 내려와야 합니다. 또한 사람들이 전능자를 인정하기 위해서는 자기 겸손이 필요합니다. 왜냐면요, 사람들이 전능자를 인정한다는 것은 자기 자존심을 내려놓고 자기 머리 윗자리로 전능자를 모셔야 하기 때문입니다. 그래야 사랑이지요!"

"선생님! 남자의 자존심, 아니다! 인간의 자존심이라는 측면에서 생각해 본다면 사람들이 전능자에게 요구하지도 않았는데 공연히 만들어놓고 '나의 아랫자리로 와서 나를 인정하고 나를 사랑해 다오!' 이러는 것은 좀 낯 뜨거운 일 아닌가요?"

"남편님도 어쩔 수 없는 남자입니다! 허허!"

"선생님! 남자들은 다 이런 것 같아요! 남자들의 자존심 그거 알아주어야 해요!"

"아내님이 남편님의 자존심을 잘 다독이면서 알아주는 것, 이것이 남편의 사랑을 받아내는 비결인거 알고 있지요?"

"네! 저야 4차원으로 정평이 나 있으니까요, 호호호!"

"맞아요! 4차원쯤은 되어야 여자가 남자의 자존심을 이해할 수 있어요! 그렇지 않고는 남자의 자존심을 알지 못하지요! 그런데 남편님이 말씀하신 전능자 앞에서 인간의 자존심, 어떻게든 설명이 필요할 것 같아요!"

"설명이 되는 문제일 것 같지 않은데요, 선생님?"

"저는 설명이 가능하다고 봐요! 이를테면 부모가 자녀를 낳아 키우고 나서 어떻게 합니까? '너는 부모의 아랫자리에서 엄마, 아빠를 위로 올려다보고 공경하고 사랑해야 하느니라!' 이러지 않습니까?"

"그러니까, 자녀가 부모에게 반발하지 않습니까?"

"어머나! 자기 지금 부모님께 반발하고 있는 거야?"

"아니지! 말이 그렇다는 뜻이지!"

"부모와 자식 사이에는 이렇게 야릇한 힘겨루기가 있어요! 아마도 그것은 전능자가 세상을 만들면서 의도적으로 그렇게 하지 않았을까 생각합니다. 자식을 향한 부모의 입장과 태도에서 전능자를 이해할 수도 있도록 말입니다! 지금 남편님이 사람들이 전능자에게 반발하고 있는 이유 중에서 한 가지, '인류의 보편적 자존심'을 거론했을 때, 전능자가 인류에게 대답할 거리로 부모와 자식의 관계를 유비로서 설정하지 않았을까요?"

"누가 그렇게 했다는 말씀이세요, 선생님?"

"전능자가 그렇게 했다는 뜻이잖아, 자기야!"

"자존심 얘기가 나오니까 아내님의 4차원이 빛을 잃고, 남자의 자존심이 살아났어요!"

"이제 알겠어요! 전능자가 만든 이 세상은 오로지 '사랑이 나고 자라야 한다는 당위성' 하나로 통일되어 있다는 뜻이지요?"

"오늘 붕어빵도 역시 맛이 '짱'입니다!"

"감사합니다. 선생님!"

14. 전능자는 왜 신이 되었을까?

"전능자와의 사랑 파트너에 대한 논의가 되었으니, 이제는 그 파트너인 사람의 입장에서 사람이 사랑하게 될 전능자의 신분도 밝혀 보아야 되겠지요? 그래야 전능자를 사랑하게 될 존재가 혼란에 빠지지 않을 겁니다. 그렇지요?"

"그것도 필요하겠어요, 선생님! 누군가를 사랑하는 데 그의 정체성은 중요하거든요! 저는 이 사람이 누군지도 제대로 알지 못하고 사랑에 빠졌었어요, 호호호!"

"그래서 실망했다는 거야? 그렇게 치면 그건 나도 마찬가지지, 나는 뭐 자기가 심각한 중증의 4차원인 줄 알고 사랑했남? 그걸 몰랐으니 사랑에 빠지고, 결혼도 하게 되었지!"

"그런데요, 상대를 속속들이 알고는 사랑하지 못해요! 겉으로 드러난 좋은 면만 보고 덜컥 마음을 뺏기고, 그러다가 콩 깍지가 씌우고 결혼하게 되지요, 나중에 '네가 그런 인간인 줄 몰랐다'고 깨달을 때는 이미 '때는 늦으리~' 그렇게 되는 거예요!"

"선생님도 그러셨어요?"

"나는 우리 젊은 붕어빵 사장 부부보다도 훨씬 심했지요! 정말 상대의 겉껍데기도 다 못보고 결혼했으니!"

"후회하시는구나!"

"결혼은 해도 후회, 안 해도 후회! 이 말이 맞는 거 같아요!"

나도 여기서 '같아요'라는 말을 쓰게 되었다. 그러고 보니 '같아요'도 때로 쓸 구석이 있기는 한 것 같다. 그 동안은 젊은이들이 말끝마다 '같아요'를 붙이는 것이 못마땅했었는데, 이 대목에서는 딱 어울렸다.

젊은이들 간에 이른바 콩깍지 사랑이 시작될 때는 상대방에 대한 정체성은 중요하게 따지지 않지만 붕어빵 포장마차 담론에서 전능자에 대한 정체성은 가능한 한 세세하게 정리할 필요가 있다.

"어쨌든 우리는 전능자가 복수가 아니라 단수라고 생각할 필요가 있어요! 만일 전능자가 하나가 아니고 여럿이라면 전능자들끼리의 대립과 충돌로 혼잡이 일어날 테니까요!"

"맞아요! 선생님! 전능자가 둘 이상이면 전능자간 우열의 문제가 발생할 거예요! 그렇다면 우등한 전능자에 비하여 열등한 전능자는 이미 전능자가 아닌 것이 되는 거잖아요!"

"와! 자기의 4차원 정말 쩐다! 나는 감히 생각조차 못한 것인데, 당신은 술술 나오네!"

"내 생각에도 아내님의 4차원은 수정같이 반짝이고 있어요! 전능자는 둘일 수 없어요! 이것도 분명하게 정리가 되었습니다. 전능자는 유일무이하다! 그 유일무이한 전능자가 사랑을 아이템으로 확정했다. 그리고 전능자가 자기와 사랑을 나눌만한 상대로 사람을 지어냈다. 그들은 누군가?"

그때 마침 붕어빵 포장을 들추고 세 명의 청년들이 들어왔다. 맨 나중에 담배를 꼬나물고 들어선 청년이 첫 마디를 한다.

"아저씨 여기서 담배 피워도 되지요?"

"예! 괜찮습니다. 피우세요!"

"야 임마 그건 아니지! 이 좁은 데서 담배 계속 피우면 그 연기가 다 어디로 가냐?

빨리 꺼, 짜샤!"

"사장님이 피워도 된다잖아, 포장 밖으로 연기를 뿜어내면 돼!"

"야 이리 내! 자식이 예의가 없어, 여기 여성분도 계시고만!"

담배를 문 채 들어왔던 청년이 못 이기는 듯이 피우던 담배 끄트머리 불씨를 포장 밖으로 톡 튕겨내고, 꽁초를 땅바닥에 버리고 발로 비볐다!

"짜식 하고는! 담배꽁초를 여기다 버리면 사장님이 다 치워야 하잖아!"

"알써 짜샤, 새끼 잔소리는 아무도 못 말려!"

그리고는 땅 바닥에 떨어진 담배꽁초를 발끝으로 차 버렸다. 담배꽁초는 생각보다는 멀리 튕겨났다. 한두 번 해 본 솜씨가 아니다. 담배를 물었던 청년은 붕어빵도 어묵도 안 먹고 어묵 국물만 한 컵 떠서 훌훌 불어가며 마신다. 다른 두 청년이 어묵과 붕어빵으로 허기를 채우듯이 먹어댔다. 처음부터 아무 말도 없이 붕어빵을 먹기만 하던 청년이 어묵과 붕어빵 값을 내고 우르르 나갔다.

"세 청년이 친구인 듯한데, 캐릭터가 다 각각인 것 같아요 선생님!"

"맞아요! 그럼에도 친구가 되었다는 것이 신기하지요? 허허!"

"저도 친구들이 많지만, 자세히 뜯어보면, 성격들이 다 달라요! 그런데도 나름대로 서로 어울리면서 친구가 된 것 같아요!"

"그런데, 아까 왜 담배 피워도 된다고 했어요?"

"안된다고 하면 분위기가 이상해질 것 같았어요! 그리고 제가 허락하더라도 나머지 두 친구 중 한 명이 제지해 줄 것으로 기대를 했지요!"

"이제 보니, 남편님의 예지력이 대단히 출중한데요?"

"저희 친구들도 어울려서 저렇게 돌아다니다 보면, 누군가 한 사람 질서를 잡아주는 녀석이 있게 마련이더라고요! 굳이 제가 '안 됩니다. 꺼주세요.' 할 필요가 있겠습니까?"

"잘 하셨어요! 저 세 청년이 누굴까, 바로 전능자가 사랑하고 사랑받을 대상으로 빚어낸 사람들이 아닐까요?"

"어머! 그럴 수 있겠어요, 선생님!"

"저들 중에 누군가는 전능자의 존재를 의식하고, 전능자가 바라는 전능자에 대한 예우를 해 줄 수도 있지 않을까 기대할 만하다는 말씀이세요?"

"셋 중에 하나라도 그런 사람이 있다면 전능자의 의도는 실패했다고 할 수 없겠지요?"

"셋 중에서 하나를 기대한다는 것은 무리가 아닐까요, 선생님?"

세 명의 청년들이 간 다음에 포장마차 안에서 세 사람은 그들 셋을 화제로 삼았다. 그들 세 사람 중에서 누가 전능자가 기대한 사랑을 해 줄까 짐작해 봄도 나쁘지 않을 것 같았다.

"내 생각에는 들어올 때부터, 아무 말도 안하고 있다가 나갈 때 붕어빵 값을 다 계산한 과묵한 청년이 어쩌면 전능자를 사랑할 지도 모를 것 같다는 생각이 들어요, 나는 조금은 관념적인 사람들이 전능자에게도 관심을 갖지 않나 하는 생각을 합니다."

"선생님! 제가 보기에는 담배를 꼬나물고 들어온 그 청년이 어쩌면 전능자를 향한 촉이 의외로 발달해 있을 수도 있을 것이란 생각이 들어요! 늘 주위 사람들로부터 꾸지람을 듣고, 책망을 듣다보면 어느 날 자기를 돌아보게 될 때 더 깊이 성찰하고, 그러다가 전능자를 깨닫게 되지 않을까요? 호호!"

그때 또 손님 한 사람이 들어왔다.

"야! 이 집 붕어빵 맛있어! 조금만 기다려!"

"붕어빵 3천 원어치 주세요!"

포장마차 안으로는 한 사람만 들어오고 일행인 듯 한 나머지 사람들은 '웬 붕어빵 타령이냐?' 하면서 밖에서 기다려 준다.

"네, 아홉 개 싸 드리겠습니다! 아니 한 개 더 얹어서 열 개 드리겠습니다."

"고맙습니다!"

붕어빵 봉투를 받아들고는 부리나케 밖으로 나가서 일행과 함께 골목 안으로 사라졌다. 붕어빵 값으로 받은 3천 원을 임시 금고로 쓰는 플라스틱 통 안에 담으면서 잠시 끊겼던 대화의 맥을 주의 깊게 이어간다.

"선생님은 아무 말 않고 붕어빵을 먹다가 세 사람의 빵 값을 계산 한 청년에게 점수를 주시고, 이 사람은 담배를 물고 들어왔던 청년에게 호감을 보이고!"

"자기야! 그건 호감은 아니지!"

"알았어! 암튼 자기는 그 청년에게 끌렸는지 모르지만, 나는 포장마차 사장이라서 그런지 몰라도 친구에게 담배 불을 끄라고 강권한 그 청년에게 점수를 주고 싶어! 어쩌면 그 청년이 전능자를 알아보게 되지 않을까?"

"공교롭게도 우리 세 사람의 의견이 모두 엇갈렸어요! 흥미로워요, 그렇지요?"

"네, 선생님 재미있어요! 오늘 이 사람의 새로운 면도 알게 되었어요!

자기, 책임감이 짱인데! 자기 멋져!"

"남편이 오늘 아내에게 점수 땄네!"

우리 세 사람은 포장마차를 다녀 간 세 청년 중, 누가 전능자에게 더 관심이 있을지, 또 누가 전능자를 알아보고 전능자가 바라는 사랑을 하게 될지 예측해 보았다. 그러나 셋의 의견이 모두 엇갈렸을 뿐 아니라, 기실 누가 전능자를 사랑하게 될지 알지 못했다.

그러나 전능자는 알지 않을까?

왜냐면 전능자는 한편으로 전지자이니까 말이다.

우리 세 사람이 세 청년을 바라보는 관점에서 호불호가 엇갈렸듯이, 전능자도 호감을 느끼는 청년이 셋 중에 하나는 있을 수 있다. 기왕이면 셋 중에서 '누구의 사랑을 받았으면 더욱 좋겠다'는 감성적 경향도 전능자에게는 있을 것이다.

"선생님! 전능자는 전능하니까, 기왕이면 자기를 사랑해 줄 사람을 선택할 수 있지 않을까요?"

"선택한 사람의 사랑을 받고, 선택하지 않은 사람의 사랑은 기대하지도 않겠다! 이렇게 됩니까, 아내님?"

"그러게요! 모든 사람들로부터 사랑을 받으면 금상첨화겠지만, 그렇지 않을 바에야 기왕이면 전능자의 취향에 따라 멋진 사람의 사랑을 받고 싶지 않겠어요?"

"전능자도 감성을 가졌을 터이니 그럴지도 모르지요! 그러나 만일 전능자가 세 사람 중에서 하나를 선택한다면, 그 선택에 전능자의 전능한 능력이 개입되겠지요?"

"아무래도 그렇게 되리라고 봅니다. 선생님!"

"자기야! 그러면, 아까 우리가 정의한 '사랑받기'에서 어긋나는 것이 아닐까?"

"남편님의 말씀이 맞습니다. 전능자를 사랑하도록 프로그래밍 된 자에게서 사랑받는다면 그것은 조건에 따른 것이거나, 혹은 조건반사가 되어 사랑이 아니라는 결론에 도달합니다! 전능자는 작위적인 선택을 하지 않을 것이라고 봐야 우리가 정의한 진정한 '사랑받기'가 이루어질 수 있어요!"

"그러니까, 전능자가 자기를 향한 사랑을 기대하지만, 사람들 중에 누가 전능자 자신을 사랑해 줄지는 전적으로 사람들의 의중에 맡겨두어야 한다는 것이지요?"

"맞습니다! 사랑할 때는 전능자가 주체가 되지만, 사랑을 받을 때는 객체가 되어야지요! 전능자도 객체의 자리로 한걸음 물러나서 선택을 기다리지 않으면 안 됩니다."

"그러다가 셋 중에 한 사람도 전능자를 알아주지 않고, 모두가 백안시 해버리면 실망이잖아요?"

"선생님! 그러면 당초에 계획한 사랑은 언제 이루어져요? 전혀 안 이루어질 수도 있나요?"

"그것을 대비하여 전능자는 사람을 지을 때, 최소한의 장치는 해 두었을 겁니다."

"최소한의 장치라도 해 두면, 사랑이 아닌 걸로 되지 않나요?"

"모든 사람들의 뇌 속에 오감과 이성으로 감지할 수 없는 보편적인 '신의 영역'을 심어두었다면 어떨까요?"

"거기에는 많은 문제가 따를 것 같습니다. 그렇게 되면, 사람들이 전능자를 인지하는 과정을 '신을 인지하는 것'으로 했다는 의미가 되잖아요! 전능자가 사람들에게 신으로 다가와야 한다면 그것은 좀 곤란한 것 아닌가요?"

 붕어빵틀을 적당한 간격으로 돌리면서도 붕어포차 사장의 대꾸는 예리했다.

 전능자는 자기와의 사랑 파트너로 사람을 지으면서 일단 사람들의 눈으로부터는 숨어있어야 할 필요를 알았다. 전능자가 모든 사람들의 오감과 이성으로 인식되는 모습으로 자기를 드러내면 모든 사람들이 대번에 전능자를 알아보고, 전능자에 대한 예의를 갖추게 될 것이다. 그렇게 되면, 복종이나 맹종은 있겠지만 사랑은 없다. 사랑 아이템은 의미가 없어진다.

 '저기 전능자가 있다. 그가 조물주이다! 그는 모든 것을 할 수 있고 모든 것을 알며, 인간의 수명은 물론 삶의 양상까지 좌지우지 하는 능력을 가지고 있다. 그 전능자가 지금 여기에 와 있다. 그러니 모두 모여 그에게 잘 보이도록 하자!'

 누군가 이렇게 외쳤을 때, 그가 전능자인 줄 알면서도 그 자리에 오지 않는 바보는 없을 것이다. 그러면 전능자는 기계적으로 복종하는 사람들에게 군림하는 독재자처럼 되어버리고, 전능자가 의도한 '사랑받기'는 그 의미가 없어진다.

 자기가 실제 경험한 것만을 중하게 여기며 믿는 사람들에게 전능자가 물리적으로 경험할 수 있는 대상이 된다는 것은 '사랑받기'를 포기하고 '복종받기'를 택하는 것과 같다. 그러므로 전능자는 자기의 모습을 일단 사람들의 오감으로 인식되는 형태는 지양할 수밖에 없다.

 그래서 전능자는 숨어야 할 필요가 있다. 경험되지는 않지만 어렴풋이 감지되는 전능자에게 감사를 드리며 고백하는 사랑을 전능자는 기대한다. 그렇게 사랑이 시작되어 전능자를 깊이 알아가는 과정으로 설계

해야 한다.

결국 사람들에게 전능자의 존재는 불가피하게 눈으로 볼 수 없고 손으로 만질 수도 없으며 귀에 들리지 않고 냄새로도 맛으로도 알 수 없도록 은닉해 있어야 한다. 사람들은 이런 유로 존재하는 것을 '신'이라는 개념을 설정하고 인지한다. 그래서 전능자는 '신'이라는 개념으로 자리 잡게 되었다.

전능자는 사람들에게 신으로 다가올 수밖에는 없다. 이 모두가 '사랑하고 사랑받기' 아이템 때문이다.

〈구약성서에 나오는 노아의 방주〉
방주에 오른 노아 일가족 여덟명을 제외한 모든 이들이 홍수에 희생되었다.

15. 전능자는 유일무이한 신일까?

　붕어빵 포장마차 안에서 전능자는 '유일한 존재'로 정의되었다. 왜냐면 전능자가 둘 이상이라면 혼잡이 빚어질 뿐 아니라 전능자 간의 우열의 문제가 대두되어 논리가 흐트러져버리고 만다. 전능자는 유일한 존재일 수밖에 없는 개념이다. 그 전능자가 사람들이 육안으로 볼 수 없는 영역으로 숨어들어야 했다. 육안으로 또 촉각으로 감지할 수 없는 존재를 인간들은 '신'이라는 개념으로 정리한다.
　전능자는 인간이 인지하는 '신'이라는 개념에도 간섭을 하지 않으면 안 된다. 전능자가 '자기와의 사랑의 파트너'로 인간을 빚어내었으니, 인간이 인지하는 개념의 범위도 전능자는 설정해 주어야 한다. 그런데 '신'을 '오직 하나'로서 전능자 자신만으로 한정해 둔다면 이 역시 자기의 정체를 노골적으로 드러내는 결과를 가져온다. 그러니 불가불 전능자는 사람들이 인지하는 신 개념을 둘 이상으로 설정해야 한다.
　사람들이 인지하는 신을 둘 이상으로 설정하고 그 신들 중에서 '전능자'를 감지하는 촉이 닿을 때 전능자가 애당초 기대한 사랑이 시작될 수 있다. 그러니 전능자는 억울하지만, 사람들이 인지하는 신의 수를 복수로 해 둘 수밖에 없다. 전능자가 이렇게 함으로써 사람들은 신도 선택이

가능하게 되었다. 그러나 분명한 것은 사람들이 인지하는 '신'이라는 개념 중에서 진정한 '실재'는 오직 전능자 하나가 있을 뿐이다! 나머지 '신' 즉, 신 개념은 전능자가 사랑 아이템을 위해서 설정해 둔 '가상적인 신'이 된다.

전능자는 억울할 수도 있다. 전능자 자신만이 분명한 '실재'로서 사랑 아이템을 위해 세상이라는 것을 만들고, 그 가운데 사람을 빚어 그들을 살게 하면서 그들로부터 사랑을 기대하는 환경을 위해, '실재'가 아닌 '명목의 신'도 불가피하게 설정해 둘 수밖에 없게 되었다.

"사랑받기 위한 전능자의 목적이, 전능자를 무척 억울하게 했네요, 선생님! 그럼에도 전능자는 세상과 사람을 만들어야 했을까요?"

"우리가 전능자 담론을 처음 시작하던 때를 잊지 않아야 합니다. 전능자는 '전능자 자신도 들지 못하는 바위'를 만들기로 했다는 것, 또 아무 것도 하시 않는 전능자는 의미가 없다는 것, 기억하고 있어야 합니다."

"알겠어요! 선생님!"

손해가 나더라도 '사랑 받는 일'을 경험하고 싶다면 어쩔 수 없는 선택이다. 이 선택은 전능자의 선택이다. 물론 전능자는 이 모든 것을 시작하지 않을 수도 있었다. 그럼에도 전능자는 '사랑받기'라는 아이템에 모든 것을 걸기로 했다. 한국 속담에 '손주를 귀여워하다가는 수염을 잡힌다'고 했다. 전능자도 '사랑받기'를 원했기에 손주에게 수염을 잡히는 수모쯤은 감당해야 한다. 코흘리개와 눈을 맞추려면 어른은 무릎을 꿇어야 한다.

"선생님! 신 이야기가 나왔으니까 궁금증 하나 얘기하고 싶은데요!"

"해 보세요! 아내님!"

"제가 어린 시절 살던 동네에 유명한 무당이 있었어요! 그런데 그 무당이 작두를 타요! 어려서는 부모님이 그런 것 보면 못쓴다고 못 보게 해서 무당집을 늘 둘러서 다녔는데요. 나중에 성인이 되고나서 작두 타는 모습을 목격한 적이 있어요! 그 모습을 보고 제가 얼마나 놀랐는지 몰라요! 위험성 때문이기도 했지만, 제가 배운 지구과학이라든가 역학의 원리 등을 깡그리 무시하면서 무당이 작두 날 위에서 춤을 추고 있었어요! 그거 어떻게 이해해야 돼요?"

"우리 붕어빵 포장마차의 전능자 담론으로 대답해야 되겠지요?"

"그렇게 해 주시면 속이 뚫릴 수도 있을 거 같아요!"

전능자가 자기 사랑의 파트너인 인간에게 노골적으로 모습을 드러낼 수 없어서 사람들의 육안과 촉각으로 경험할 수 없는 영역으로 전능자가 숨는 것으로 설계했을 때, 인간은 전능자를 '신'의 개념으로 접근했다고 말했다. 그렇게 진행된 결과는 또한 불가피하게 신은 둘 이상으로 설정해야 전능자가 자기를 적절하게 감출 수 있다고 설명했다.

이 과정에서 전능자는 전능자가 설정한 신들에게 일정한 '능력'을 부여하지 않으면 안 되었다. 그들을 허수아비로만 만들어 놓으면 전능자 자신이 자신의 모습을 숨긴 것에 의미가 없어진다.

사람들의 인식의 테두리 안에서 전능자는 자기가 설정한 다른 신들에게도 전능자처럼 보이도록 할 필요가 있다. 설정한 신에게도 전능자에 버금가는 '전능함'이 있는 것처럼 때로는 능력을 나타내도록 하여야 한다. 사람들에게 느껴지는 신들은 어떤 면에서 동등하게 인지되어야 한다. 그런 가운데 진정한 전능자를 알아보고 진정한 전능자를 사랑하는 그 사랑을 전능자는 기대한다. 그러므로 무당이 작두를 타는 것도 전능자가 어쩔 수 없이 허락한 신비한 신적 능력의 하나다.

무당이 작두를 타는 것은 전능자가 모든 것을 할 수 있는 '전능'의 짝

통인 셈이다. 사람들은 무당이 작두 타는 모습을 보고, 무당을 통해 드러나는 신을 전능한 신으로 유추하고 거기에 의지할 수도 있다. 삶 가운데서 인간의 능력으로 해결할 수 없는 일을 무당에게 가지고 가서 의뢰하고 해결하려는 행태도 전능자는 어쩔 수 없이 설정하고 또한 지켜보아야 한다. '진정한 사랑'이라는 아이템을 실현하고자 하는 과정에서 불가피한 현상이다.

그래서 '사랑받기는 전능자 자신도 들지 못하는 바위'라고 하지 않았던가?

"선생님! 갑자기 전능자가 '사랑받기' 아이템으로 만든 세상이 무섭다는 생각이 들어요!"

"허허! 아내님 머리가 쭈뼛해졌어요?"

"사람들이 혼돈 속에서 작두 타는 무당을 찾아가 수천만 원짜리 푸닥거리를 하면서 살아가야 한다는 현실! 이거 좀 억울하지 않나요? 전능자가 이거는 잘못하는 거 아닌가 하는 생각도 들어요! 안타까워요, 선생님!"

"'너에게 사랑 한 번 받아보고 싶다!' 이것이 그렇게 되었어요! 차라리 전능자가 '사랑받기' 프로젝트를 시작하지 않았으면 이런 슬픈 현실도 없었을 터인데요, 전능자는 시작하지 않을 수 없었어요!"

"조금은 알겠는데요 …"

"위에서 우리가 정리했지요? 전능자가 아무것도 안하면 전능자가 무슨 의미냐? 이를테면, 탐험가가 에베레스트 등반을 위험하다고 포기한다면 그게 무슨 탐험가냐? 이렇게 되는 것과 같은 이치입니다! 이해가 되나요? 4차원 아내님!"

"네! 알겠어요! 그런데 소름이 돋아요! 이런 현실에요!"

"자기야! 소름은 무슨 소름! 아침에 깨어났으니 열심히 숨쉬고 살아야지! 그리고 내가 있잖아! 남편의 존재를 잃어 버렸어?"
"그건 아니지만!"
"허허! 사랑입니다! 사랑! 사랑! 사랑! 사랑합시다!"
"맞아요, 선생님! 사랑밖에 없어요! 그래서 '사랑밖엔 난 몰라!' 이렇게 되나봐요!"
"'사랑밖엔 난 몰라!' 그거 어떤 가수가 부른 노랜데…?"
"그런 노래도 있어요? 선생님!"
"한국의 트로트 우습게 알면 안 돼요! 심수봉이라고 걸출한 가창력을 가진 가수가 있어요! 콧소리 적당히 섞어서 '사랑밖엔 난 몰라!' 사람들이 이 노래 들으면서 실연의 아픔만 쓰리게 되새길 것이 아니라 전능자의 '사랑 프로젝트'를 떠올리면 얼마나 좋겠어요?"
"트로트를 들으면서 전능자의 '사랑받기' 아이템! 연결이 쉽지 않을 것 같은데요?"

그때 마침 인근 중학교에 다니는 여학생들 두 명이 들어왔다.
"나는 붕어빵 먹을래!"
"나는 어묵!"
그리고 각자의 취향대로 먹는다.
"앗 뜨거! 아저씨 좀 식은 거 없어요?"
"이 쪽에 먼저 구운 것이 덜 뜨거워요, 이거 먹어보세요!"
"네!"
한참 동안 재잘거리면서 붕어빵과 어묵을 먹는다. 포장마차 안이 제법 훈훈했던지 여학생들이 교복 위에 덧입은 파카 앞 단추를 풀어 젖혔다. 그 속으로 드러난 교복 앞 단추가 팽팽하게 양옆으로 당겨져 터질 것 같다.

"야! 그만 먹어! 너 이 단추 터져버리겠다!"
"아니야! 나는 아무리 먹어도 배가 안 나와!"
"그런데도 이렇게 팽팽해? 예전에는 안 그랬잖아?"
"요즘 성적 때문에 스트레스를 좀 받았나봐! 자꾸 먹다보니 이렇게 되었어!"
"아무리 먹어도 배가 안 나오다며?"
"그만 먹자! 아저씨 얼마예요?"

21세기 한국의 여학생들의 교복 단추는 참 힘들 것이다. 중고등학교 여학생들이 교복을 자기 몸피보다도 작게 줄이고 단추를 겨우 채운 듯한 모습으로 학교를 다닌다.

"여학생들은 누구에게 저렇게 예쁘게 보이고 싶을까요? 아내님도 저렇게 하고 다녔어요?"
"어머! 선생님! 다 그렇지요! 여자의 변신은 무죄라고 하잖아요?"
"여름 되면 한국 여성들 아랫도리는 다 내놓고 다니잖아요? 남편님은 그 모습 보면 어때요?"
"우리들이야 좋지요! '하의실종'이 유행해서 아랫도리는 아예 안 입은 것처럼 하고 다니는 여성들도 많잖아요! 슬쩍슬쩍 실컷 바라봅니다."
"자기?? 그랬어?"
"선생님! 남자들은 다 그렇지요? '죄송해요!' 남자들은 안 보는 척하면서 볼거리는 다 보잖아요?"
"하하! 내가 어디선가 보았어요! 여성들의 노출 욕구가 어디서 비롯되는가? 드러내고 다니려는 여성의 심리 저변은 무엇인가?"
"선생님! 제가 볼 때는 유행이라고 생각돼요! 반에서 아이들이 다 그렇게 하고 다니는데, 한 두 사람이 치마를 길게 입으면 대번에 왕따에요! 교복도 느슨하게, 마치 노인네처럼 입고 다니면 왕따를 당해요! 그러니 경쟁적으로 팽팽하고 짧게 입어요!"

"어떤 자료에 보니까 자기 몸을 드러 내는 이유가 자기를 지은 창조자에게 보여주고 싶어서라고 분석한 것을 봤어요! 지금 우리 붕어빵 포장마차 전능자 담론에 따르면 세상과 사람을 지은 '전능자' 바로 그 전능자에게 자기가 이렇게 우월적으로 생겼다는 것을 알리려는 심리가 보편적으로 깔려있다는 겁니다. 여성의 노출증은 그러니까 '신'과 관계있다는 얘기가 됩니다."

"저도 의아한 것이 그렇게 다 드러내고 다니면서 지나가던 남자들이 쳐다보면 '왜 쳐다보냐? 변태냐?' 하면서 문제 삼잖아요! 그러려면 드러 내놓지를 말든지! 이렇게 생각했었는데, 선생님 말씀을 듣고 보니, 여성의 노출증을 조금은 이해할 수 있을 것 같아요!"

"사람들은 '신'의 개념으로부터 도망칠 수 없다는 거지요! 전능자가 그렇게 만들어놓았어요!"

"전능자와 신의 개념은 불가분의 관계다! 이렇게 정리할 수 있겠어요! 선생님!"

"맞습니다! 아내님의 4차원 예지가 오늘도 반짝반짝 했어요!"

"선생님 오늘은 붕어빵 일곱 개 드셨어요!"

"3천 원 드리고 두 개 양손에 들고 가면 됩니까?"

"안 주셔도 되는…"

"아직도 할 얘기가 남아있으니 계산은 계산대로 철저히!"

미리 준비한 천 원짜리 중에서 꼬깃꼬깃 석 장를 빼 주고 양 손에 붕어빵을 하나씩 들었다.

밖으로 나오니 상가들이 대부분 철시했다. 도심의 한 겨울이라도 이 시간이면 어쩐지 오싹해진다. 서둘러 큰 길로 나왔다. 낮 동안에 내내 질퍽거리다가 기온이 떨어져서 다시 얼어붙은 길 위로 자동차도 조심조심 굴러간다. 그러다가 저 앞에서 승용차 한 대가 핑그르르 팽이처럼 돌다가 아슬아슬 멈춘다. 지나가던 사람들이 시선을 모으고 가까이 다가가 본다. 나도 가까이 다가간다.

'왜 사람들은 자동차 사고가 나면 주변에 모일까?'

예부터 불구경과 싸움 구경이 최고의 구경이라더니, 겨울 한철 미끄러운 길 자동차 사고도 당사자는 생사를 넘나드는 위험천만한 순간이지만, 길 가던 사람들에게는 볼거리임이 분명하다. 전능자가 사람들을 그렇게 지었기 때문이다.

16. 존재하는 것의 근원

"자기야! 그 선생님이 가끔 오셔서 붕어빵 포장마차 안에서 전능자에 대한 담론을 열심히 펼치고 있는데, 전능자 담론이라는 것이 혹시 붕어빵과 같은 것이나 아닐까?"

"전능자 담론과 붕어빵?"

"그렇지! 붕어빵은 이를테면 대체재잖아! 사람들이 붕어빵이 없으면 다른 것으로 군것질을 대신할 거 아냐? 사실 겨울 한철 붕어빵은 있어도 그만 없어도 그만이잖아?"

"그러니까, 선생님이 가끔 오셔서 우리 붕어빵 포장마차 매상에 약간 도움을 주면서, 나누는 전능자 담론, 그것이 절대적으로 필요한 개념은 아니라는 뜻?"

"자기는 그렇다고 생각 안 해?"

"선생님과 셋이서 이야기할 때, 자기가 펄펄 날잖아? 번뜩이는 4차원 예지로서 말이야!"

"그렇기는 해! 그러나 전능자 담론을 하고 있는 우리가 비현실적이라는 회의가 들기도 하는데, 자기는 아니야?"

"뭐 나도 그런 생각이 들 때가 있기는 하지, 그러나 붕어빵 포장마차 안이 늘 손님으로 복닥거리는 것도 아니고, 없을 때는 한 시간 가까이 아무도 안 들어올 때도 있거든, 그런 때는 오히려 내가 비현실적 존재가 되는 기분이 들기도 해! 또 오는 손님들도 긴 시간을 체류하는 것이 아니고 얼른 싸달라고 해서 가고나면, 꼬깃꼬깃한 천 원짜리 몇 장을 바라보면서 내가 한심하다는 생각이 들기도 하고!"

"그래? 그런데 왜 그런 얘기 지금까지 한 번도 안 했어?"

"굳이 할 필요를 못 느꼈지, 내가 평생 붕어빵 팔 것도 아니잖아!"

"자기 애 쓴다! 벌어오는 돈이 문제가 아니네!"

"알아주니 고맙네!"

"내가 직장에서 고생하는 것보다 자기 고생이 더 짠하다!"

"뭐 그렇기까지야 하겠어? 암튼 그런 포장마차에 그 선생님이 한 번씩 오면 잠들어 있던 내 두뇌가 아연 활기를 되찾는 것 같아서 반갑고, 또 유익한 이야기를 풀어주니까 재미도 있지, 그 선생님 말마따나 '전능자 담론'은 누구나 한 번쯤은 고민해 봤던 주제이기도 하고!"

"남자들은 그 문제가 그렇게도 심각한 주제야? 나는 그저 사춘기 때 잠깐 스쳐가는 관념이라고 여겼는데!"

"지난번에 그 선생님이 존재하는 것들의 근원을 네 가지로 설명해 주었을 때, 머릿속에서 깔끔하게 정리되는 느낌을 받았어!"

"그래? 그때 어떻게 정리해 주셨었지?"

"'저절로,' '누군가,' '알 수 없다,' '관심 없다,' 넷으로 했잖아!"

"맞다! '저절로'는 빅뱅 이론과 진화론의 주장이고, '누군가'는 우리 붕어빵 포장마차 전능자 담론이 주장하고, '알 수 없다'는 불가지론이고, '관심 없다'은 일반 서민 대중이지!"

"'누군가'를 주장하는 쪽은 기독교가 선봉이지!"

"그 넷은 결국 둘로 나뉜다고 하지 않았던가? 전능자가 '있다,' '없다,' 그런데 '있다'를 주장하는 것은 신은 존재한다고 주장한다는 쪽인 '누군가'로서 네 가지 형식 중에서 하나이고 나머지 셋은 모두 '신은 없다'에 기울어져 있다고 본다!"

"결국은 그렇게 정리가 되겠지!"

"넷 중에서 '정답을 하나 찍어라!' 그러면 어떻게 될까?"

"그거 한 번 선생님께 물어보자!"

붕어빵 포장마차 젊은 사장 부부간에 이런 대화를 나눴다는 이야기를 전해 들었다.

"남편님, 아내님 모두, 사지선다형 세대가 분명합니다!"

"저희까지는 그 세대라고 할 수 있을 겁니다!"

"그러면 오늘은 넷 중에서 답을 하나 골라볼까요?"

"네!"

"네!"

인간이 인지하는 '존재하는 모든 것'에는 정연한 질서가 있다. 행성이 태양을 중심으로 규칙적으로 돈다든지, 그로 인해 사계절이 있고, 바다에 있는 밀물과 썰물이 달의 인력으로 인한 것이라든지, 대단히 정교한 질서에서 한 치의 어긋남이 없다는 것을 생각할 때, '저절로' 그렇게 되었을 것이라는 진화론적인 생각을 포기하고 '누군가' 만들었을 것이라는 쪽으로 생각을 진전시키게 되면 필연적으로 전능자로 귀결이 된다.

사람들은 우주를 바라보면서 도저히 사람의 능력으로는 어림없다는 것을 알기 때문에 이 모든 존재를 만든 이를 '모든 것을 알며, 모든 것을 할 수 있는 능력자'라고 지칭할 수밖에 없다. 그래서 '전능자' 개념은 인류 안에서 떠날 수 없는 개념과 담론이 된다.

한 평생 살아가는 동안에 '저절로' 되었다고 믿으며 살든지, '전능자'가 만들었다고 믿으며 살든지, '알 수 없다'고 믿으며 살든지, '관심 없다'로 살든지 선택의 자유는 개개인에게 있을 것이다.

그러나 간혹 사람들은 편하게만 살 수 없는 상황에 처한다. 고통과 마주할 때가 온다. 인간으로서는 감내하기 어려운 고통이 닥쳤을 때, 사람들은 어딘가를 향해서 절규하게 된다. '왜 이런 일이 하필이면 나에게 닥쳤냐?' 하면서 그때까지의 자기 삶을 되돌아본다. 특히 한국인들은 '내가 전생에 무슨 죄가 있기에 이런 일이 나한테 일어난단 말이냐?' 하면서 윤회설을 끄집어낸다.

'저절로' 되었을 거라고 믿었거나, '알 수 없다'고 믿었거나, '관심 없다'고 했던 사람들도 큰 고난 앞에서는 "누가 이렇게 했느냐?"고 분개한다. 여기서 필연적으로 "하다"는 동사가 튀어나온다.

"누가 했느냐?"

그 동안 자신이 지녔던 존재의 근원에 대한 입장이 무엇이었든지 간에 '누군가'로 들어오게 됨을 의미한다. 마치 평소에는 애국심이 없다가도 외국에 나가면 모국에 대한 애착이 발동하는 것과 유사하다.

고난 앞에서 사람들은 그 고난이 '저절로' 되었다고 받아들이지 않는 보편적인 양태를 드러낸다. 왜냐면 그 고난이 유독 자기에게만 왔기 때문이다. 형제나 자매, 친척과 이웃들에게는 닥치지 않은 고난이 하필 '나'에게만 왔기 때문에 '왜?'라는 질문을 연발한다.

사람이 한 평생 사는 동안에 크거나 작거나 간에 이런 고난을 겪지 않을 수는 없다. 설혹 한 개인에게는 이런 일이 없을 수도 있겠지만, 전염병이나 자연재해 앞에서 예외일 수 있는 사람은 없다. 결국 인간은 '전능자'를 전적으로 외면하고는 살아갈 수 없는 존재이다. 인류 역사는 그래서 전능자에 대한 담론을 꽤 많이 진전시켜왔다. 그럴 수밖에 없다.

그리고 사람들은 인류에게 닥친 고난을 '악'이라고 단정하기를 서슴지 않는다. 14세기 유럽에 몰아닥친 흑사병[1] 열풍으로 수많은 사람들이 죽었다. 이때도 사람들은 질문했다.

"왜 흑사병으로 사람들이 이렇게 많이 죽어야 하느냐?

원인이 무엇이며, 이렇게 주도한 주체는 도대체 누구냐?

누가 이렇게 했느냐?"

여기서 고난을 '악'으로 몰아붙이는 것은 희생된 사람들이 대부분은 평범한 사람들이고, 특히 어린이들이었다. 그래서 오래 전부터 인류는 고난을 '악'으로 여기는 데 주저함이 없었다.

'왜 선한 이가 고난을 당하느냐?'

리스본 대지진[2] 때도 이와 흡사한 인류의 질문은 이어졌다.

홀로코스트[3]의 참혹한 실상 앞에서도 사람들은 똑같은 질문을 던졌다.

특히 한국인들은 2014년 4월 16일의 세월호 침몰 사건 때에 이와 똑

---

[1] 1347년 처음 창궐한 흑사병으로 대략 2천 5백만 명이 희생되었다. 이는 당시 유럽 인구의 30%에 달하는 숫자이다.

[2] 1755년 11월 1일 9시 40분 포루투갈의 수도 리스본에서 일어난 진도 9의 대지진으로 성당에서 미사를 드리던 성도들이 많은 피해를 당했다. 이 지진은 단 3분에 걸쳐 진행되었지만 연달아 일어난 높이 10미터 이상의 쓰나미로 인하여 최소 3만에서 최대 10만 명의 인명을 앗아갔다. 이 사태를 두고 당시의 계몽주의자 볼테르는 '신에게 정의가 있고 신도들을 사랑한다면 어떻게 이런 참극이 가능한가. 그토록 신앙심 두텁다는 리스본이 파리나 런던보다 죄가 많기 때문인가?'라며 울었다고 한다.

[3] 나치가 12년(1933~45) 동안 자행한 대학살. 주요 대상은 유대인이었다. 독일과 제2차 세계대전 때 점령 지역의 유대인들을 대상으로 사회적 권리를 박탈하고, 재산을 몰수했으며, 강제수용소에 몰아넣고 강제노역에 동원하거나 가스로 죽였다. 대표적인 대량학살 수용소는 아우슈비츠였다. 이때 사망한 유대인만 575만여 명이며, 그 외 반(半)유대인, 기타 집시, 슬라브인 등을 포함하면 더욱 늘어난다. 전쟁 후, 많은 유대인들이 미국과 러시아, 중동 등으로 이주했고, 중동에 이스라엘이 건국하는 계기가 되었다.

같은 질문을 하고 답을 구하고자 애를 쓰기도 했다.

고등학교 2학년생들 250명이 서서히 기울어 가는 여객선 선실에서 바닷물에 잠겨들고 있었다. 그들은 당시 유행하던 스마트 폰을 꺼내 숱한 동영상을 남겼다. 그중에 어떤 여학생은 기독교인으로서 주기도문을 외웠다. 그러나 그 여학생도 바닷물 속으로 잠기고 말았다.

전능자 이야기는 다시 고개를 들었다.

전능자가 있었다면 왜 그 소녀를 구해 주지 않느냐?

전능자는 도대체 누구냐?

어떤 성품을 가졌기에 그 소녀를 살려내지 못하느냐?

그러고도 전능자냐?

세월호에서 죽어가는 소녀 한 명을 건져내지 못하는 전능자를 어찌 전능하다고 할 수 있느냐?

전능자의 속성이 사람들의 입실에 다시 오르내리기 시작했다.

만일 모든 존재하는 것들이 '저절로' 되었다고 믿는다면, 인류 역사에서 벌어지는 사건과 사고 역시 '저절로' 일어났다고 해석하게 된다. 이렇게 될 때, '저절로' 이론에는 선이나 악이 관여할 여지가 없다. 이것이 '저절로 담론'의 치명적 약점이다. 왜냐하면 인류가 경험하는 일들 속에는 분명히 선과 악의 가치가 존재하고 있기 때문이다. '알 수 없다'고 말하는 불가지론이 차라리 우월하게 보일 수도 있다.

그래서 사람들은 모두가 '누군가'가 만들었다는 전능자를 신봉하게 될까?

꼭 그렇지만은 않다. '전능자 담론' 역시 이러한 사건 앞에서 위기를 만나기는 마찬가지이다. '전능자는 왜 악과 고통 앞에서 침묵하느냐?'고

절규하는 인류에게 마땅하게 대답하지 않는 것처럼 보이기 때문이다.⁴

"선생님 말씀 듣고 보니 고난 앞에서 사람들은 일단 '전능자'를 찾게 되는 것 같아요! 그렇다면 넷 중에서 일단 정답 쪽에 가까운 것은 '누군가'가 될 것 같은데요?

시험지를 앞에 두고 연필을 '또르르' 굴리면 '누군가'가 맨 위로 올라올 것 같아요! 교수님!"

"붕어빵 포장마차 담론에서 우리 세 사람은 이미 '누군가'를 찍었는데?"

"맞습니다! 선생님!"

"남편님, 아내님 두 분 모두 광택 약 장수가 시장터에서 파는 '광택 약' 이미 샀어요! 이제 집에 가서도 헌 그릇들이 시장에서처럼 반짝반짝 광이 나도록 해야 하는 것이 과제입니다!"

"아글쿤, 호호호!"

"오늘은 늦었으니, 다음 기회에 이 점에 대해서 더 이야기해 보기로 하고, 나는 가겠습니다. 남은 붕어빵 세 개, 들고 갑니다! 붕어빵 값 여기 있습니다!"

"선생님 거스름돈 받아 가셔야지요!"

"아니 됐어요! 받아두세요! 저와 얘기하느라 애 쓰셨는데!"

"아닙니다! 선생님! 선생님이 그냥 가시면 '앙대요!'⁵ 우리는 다음 이야기가 기대되는 데, 다음 이야기를 편하게 나눌 수 없을 것 같아요! 그러니 거스름돈 받아 가셔야 해요!"

---

4   이 주제를 다루는 신학적 혹은 철학적 주제를 '신정론'(神正論)이라고 한다.
5   '앙대요!'는 한국의 개그맨이 유행시킨 것으로 '안되요!'를 강조하여 표현한 것이다.

"허허! 그렇게 되나요?"

"안녕히 가세요! 선생님! 너무 오래 기다리게 하지 마세요! 호호!"

"네!"

〈14세기 유럽을 휩쓴 흑사병〉
14세기경 유럽에 번진 흑사병은 유럽 전체 인구의
3분의 1가량을 죽음으로 내몰며 중세 유럽 사회에 큰 변화를 가져왔다.

제3부

전능자를 사랑한 자,
사랑하지 않은 자

17. 악과 고통 그리고 전능자
18. 악과 고통 그리고 사랑
19. 부부간의 진짜 사랑
20. 사랑과 사랑 아닌 것
21. 전능자가 하는 일
22. 악한 자의 형통, 착한 자의 고난
23. 전능자의 자기 분립
24. 전능자를 사랑한 자, 사랑하지 않은 자

17. 악과 고통 그리고 전능자

　요즘 나는 붕어빵에서 옛 맛을 찾기도 한다. 옛날 붕어빵은 요즘처럼 보암직하고 탐스러운 간식이 아니었다. 허기를 때우기 위하여 먹어 두어야 하는 요긴한 먹거리였다. 그때는 반죽도 허여멀건 했고, 팥소도 묽었다. 기름 묻힌 털 막대로 빵틀을 닦아내듯이 후벼내고 양은 주전자에서 반죽을 따라 바닥을 살짝 덮은 다음, 물그레한 팥소를 찔끔찔끔 붓고 나서 그 위에 다시 반죽을 부어 뚜껑을 딱 소리 나게 덮어 익숙한 손놀림으로 한 바퀴 돌려 옆으로 밀어낸다.
　빵틀이 시계 바늘 반대 방향으로 한 바퀴 도는 동안 세 시 방향에 있을 때 한 번 뒤집어 주고, 열두 시 방향에 있을 또 한 번, 그리고 아홉 시 방향에 있을 때 습관적으로 한 번 더 뒤집어서 여섯 시 방향으로 끌어당겨 뚜껑을 열면 게 껍데기처럼 각질이 형성되었다.
　그것이 식기 전에 얼른 집어 조심스럽게 베어 물면 속은 물컹하니 마치 풀처럼 반죽이 익어있었다. 그래서 이런 유의 모든 빵을 '풀빵'으로 부르기도 했다. 그러나 붕어빵도 진화했다. 반죽도 되직해지면서 어지간한 유명 빵집 반죽에 버금가고, 팥소도 기계로 갈아내어 알갱이 하나 없이 포근포근한 것을 아낌없이 짜 넣어 빵을 굽는다.

"선생님께서 붕어빵을 처음 드신 때가 언제인지 궁금해요!"

"고등학교 시절입니다. 저녁 열 시쯤 학교를 마치고 집에 오는데, 길목에 붕어빵 포장마차가 하나 있었지요! 그때는 지금과 달리 주머니가 얄팍해서 늘 군침만 흘리고 지나치는 날이 훨씬 많았지요!"

"지금으로부터 몇 년 전이지요?"

"한 오십 년 가까이 되었나?"

"우리는 태어나지도 않은 때입니다! 선생님!"

"그때 붕어빵은 반죽도 앙금도 묽어서 구워내면 얼마 못 가서 파싹 주저앉았지요!"

"그걸 무슨 맛으로 먹어요?"

"그래도 내 기억에는 그때 붕어빵이 지금 붕어빵보다 훨씬 더 맛있었어요!"

"그럴 수도 있겠어요, 선생님!"

"참 한 가지 궁금한 게 있어요?"

"뭔데요?"

"그 시절에 붕어빵을 구울 때는 굵은 털실을 짧게 잘라 한 뼘쯤 되는 막대 끝에 달아서, 그걸로 기름통에 적신 다음, 붕어빵틀 위짝을 열고 안을 털어내듯 문지르면서 기름을 바르고 반죽을 부어 구워냈는데, 요즘은 기름칠 없이 그냥 구워내요, 그래도 빵틀에 달라붙지 않나요?"

"옛날에는 그랬어요? 그건 저희도 모르겠는데요! 저희는 처음부터 기름칠 같은 거 안 하고 그냥 반죽을 붓고 팥 앙금을 넣어서 굽는데도 달라붙지 않아요!"

"거참 이상하다! 옛날에는 분명히 붕어 비늘모양 빵틀 안에 기름을 칠하고 구워냈던 것 같은데?"

"선생님! 제가 생각해 보니까 요즘 반죽에는, 자체에 지방질이 많이 함유되어 있어서 그런가봐요! 반죽할 때 기름을 섞는 것 같아요!"

"아하! 그 말이 맞을 것 같다!"

그러고 보니 나도 점점 '같아요!'라는 말꼬리가 자주 붙는데, 이것은 말의 신빙성을 떨어뜨리는 것 같아 못 마땅하기도 하지만 어쩔 수 없다. 어쩌면 지금 우리의 붕어빵 포장마차에서 논의되고 있는 '전능자 담론'의 모든 말끝에도 '~같아요!'가 붙어야 할지도 모르겠다는 생각이 들었다.

붕어빵은 사실 '붕어 같은 것'이 아니던가!

"우리말에 '~ 것 같아요!'라는 말이 특이 많이 쓰이고 있다는 것 알고 있지요?"

"선생님! 저는 그런 생각 안 해 본 것 같은데요?"

"거봐요! 지금도 말끝에 '~것 같은데요?' 했잖아요?"

"선생님 언젠가 방송에서 그거 지적하는 것 저는 들었어요! 예를 들어서 '이 옷 입어보니 따뜻하던가요?' 하고 물으면, 젊은이들이 '예, 참 따뜻해요!'라고 하지 않고 '예, 참 따뜻한 것 같아요!'라고 대답하는 습관을 지적하는 것을 보고나서 저도 그렇게 하지 않으려고 노력하는 데 잘 안 되는 것 같아요!"

"우리가 이 거룩한 겨울 한철 붕어빵 포장마차에서 나누는 '전능자 담론'에서도 말끝마다 '~것 같아요!'를 붙이면 어떻게 되지요? 아무래도 신빙성이 떨어지겠지요?"

"그렇게 될 것 같아요!"

"자기 지금 일부러 말끝을 '~ 것 같아요'라고 한 것 같은데?"

"하하! 호호! 껄껄!"

세 사람이 박장대소를 했다.

"우리가 지금부터는 말끝에 '~ 것 같아요' 하지 말고 '전능자 담론'을 이어가도록 합시다! 붕어빵도 '붕어 같은 빵'이라 하지 않고 '붕어빵' 하듯이 말입니다!"

"맞아요! 선생님!"

"지난 시간에… 흐흠!! 어디까지 했더라?"

"호호! 인류가 악과 고통의 문제에 직면하게 되면, 전능자의 존재를 안 믿던 사람들도 한결같이 전능자를 호출한다! 여기까지 하신 것 '같아요!' 아차! 그 대목까지 했어요! 선생님!"

"인류는 악과 고통의 문제 앞에서 특히 전능자에게 따지고 덤벼들면서 역사를 이어 왔어요! '전능자여! 당신께서 삼라만상을 만들었다면, 왜 악과 고통을 함께 만들었느뇨?

또한 지금까지 세상에서 벌어지고 있는 악과 고통 앞에서 전능자! 당신은 왜 침묵하고 있습니까?

당신은 진짜 전능자가 맞습니까?"

"선생님! 진화론자나 불가지론자들이 그렇게 한다면 자기모순에 빠지는 거 아닌가요?"

"그렇지요! 진화론과 불가지론에서는 선과 악의 문제를 다툴 근거와 이유가 없지요! 진화론에서는 악과 고통의 문제도 아무 인과 관계없이 '저절로' 벌어지는 일이기 때문이고, 불가지론에서는 어차피 알 수 없는 것이기 때문입니다. 오직 전능자 담론에서 악과 고통의 문제를 가지고 치열하게 전능자에게 따지고 대듭니다!"

"그렇다면, 악과 고통의 문제에 직면한 사람이 '왜 하필 나입니까?'라고 질문하는 순간 그 사람은 전능자를 인정하고 있다는 얘기가 되나요?"

"그렇지요! 사실 이 대목에서는 '그렇다고 볼 수 있을 것 같아요!'라고 하면 더 자연스러울 수는 있어요! 그러나 우리는 그렇게 하지 않기로 했으니! '그렇지요!' 이렇게 말합니다!"

"저의 생각에도 악과 고통의 문제를 당했을 때, '왜 하필 내가 이런 고난을 당해야 합니까?'라고 질문하는 사람은 '전능자'를 인지하고 있다고 보는 것이 맞다는 생각이 듭니다. 그런데요 선생님! 모든 사람이 악과 고통의 문제를 피해갈 수는 없지않습니까?"

"그렇지요! 그래서 모든 사람들은 '전능자'의 존재로부터 벗어나 존재할 수 없고요, 그래서 지금 우리 붕어빵 포장마차의 '전능자 담론'이 위대한 겁니다!"

"우리가 비록 지금은 붕어빵을 구워 먹지만, 그 입에서 나오는 말은 위대하다! 호호호!"

"껄껄! 우리는 지금 온 우주를, 삼라만상을 들었다 놓았다 하는 거창한 세미나를 하고 있는 중입니다!"

"악과 고통의 문제와 전능자! 이 문제가 지금까지 학계에서는 어떻게 연구되고 진전이 되었는지 궁금해요, 교수님!"

"철학에서 전능자를 신으로 규명하고 그 신은 선하다고 주장하기 시작한 사람이 플라톤입니다. 플라톤이 모든 존재의 제일자인 신은 선하다고 주장했어요! 그렇게 주장한 이유는 아마도 악의 주체와 맞서는 존재로서 신을 설정한 이유도 있을 것 같고요!

존재가 가능토록 한 전능자가 악하다면 이 세상의 운행질서가 엉망일 터인데 대단히 질서정연하잖아요?

태양계의 운행을 비롯해서 우주의 행성들이 질서를 지키도록 한 전능자는 선하다고 서슴없이 정의했던 것 같아요!"

"선생님이 지금 '~것 같아요!'를 의도적으로 구사하시는 것 같은데요? 호호!"

"맞아요! 신이 선하다고 단정한 것은 어떤 의미에서는 섣부르다고 할 수 있어요! 인간이 신은 선하다 혹은 악하다고 양단간에 단정적으로 말하는 것은 어떤 면에서는 부적합합니다."

"그렇다면, 신은 가치중립적일 수도 있다는 말씀인가요, 선생님?"

"그럴 수도 있다고 봐요! 신의 성품을 논할 때, 선하냐 악하냐가 아니라, 우리가 '전능자 담론'을 시작하면서 합의 한, '전능자는 자기가 들 수 없는 바위를 만드는 데 그것이 사랑이다!' 잊지 않고 있지요?"

"네!"

"네!"

"신의 성품을 선이냐 악이냐 보다는 사랑을 기준으로 봐야 한다고 봅니다! 사실 전능자는 선을 행할 수도, 악을 행할 수도 있지요! 전능자니까! 문제는 전능자가 '사랑하고 사랑 받겠다'는 프로젝트를 기획했으니까 우리는 사랑과 사랑 아닌 것을 구별해야 합니다! 이것을 굳이 선과 악에 견준다면, 사랑이 아닌 것은 악, 사랑은 선이라고 말할 수는 있을 것입니다!"

"선생님! 선생님께서는 지금 '전능자가 사랑하고 사랑받기 프로젝트를 실행함에 있어서, 기본 바탕으로 사랑이 아닌 토양을 깔아둘 필요가 있었다!' 이 얘기를 꺼내고 싶으신 거지요?"

"맞습니다! 4차원 아내님!"

"나는 이런 때 당황되더라! 무슨 말씀이에요, 선생님?"

"내가 지금 이야기 전개를 '전능자의 사랑하고 사랑받겠다는 아이템'으로 전능자가 '존재'들을 만들기를 시작했을 때 전능자가 해야 할 일은 사랑이 아닌 환경도 어쩔 수 없이 만들 수밖에 없다! 그래야 거기서 사랑이 싹 틀 수 있다! 이쪽으로 가려는 데, 아내님이 눈치를 챘어요! 허허허!"

"알겠습니다! 설명을 듣고 보니, 우리가 살고 있는 세상은 사랑이 흔전만전한 환경이 아니라 사랑이 극도로 메말라 있는 곳이다! 이렇게 되는 것 같은데요! 얼른 이해가 안 되고 조금은 혼란스러웠어요!"

"우리는 우리가 살고 있는 토양이 어떤 곳인지 알아야 합니다. 사람들은 사랑이라는 말을 대단히 쉽게 쓰고 있지만, 우리가 살아가는 환경은 사랑을 찾아보기가 매우 어려운 곳입니다. 사람들이 행동하는 이유, 그렇게 행동하는 목적을 자세히 살펴보면 '자기의 이익 때문'이라는 것을 금새 알 수 있어요! 이기주의입니다!"

"선생님의 지적을 듣고 보니, 실제는 그렇지 않은데, 세상 사람들이 너그러움과 관용과 이해와 사랑이 어느 곳에나 있다고 막연하게 여기고 있나는 생각이 듭니다!"

"맞아요! 사람들이 행동하는 이유는 대부분 자기의 이익추구입니다! 이해나 관용이라는 것은 사람들 사이에서 상호 이익이 충돌할 때 역학관계에 따른 약자의 포기일 때가 많지요! 또 상대의 이익 침범에 대한 비난이 두려워 양보하는 척 할 뿐입니다. 그런 것들이 때로는 사랑으로 포장되어 드러나기도 합니다!"

"그러니까 세상에는 온통 짝퉁 사랑, 짝퉁 관용, 짝퉁 이해, 짝퉁일 뿐인 용서가 뒤덮고 있다는 말씀이세요! 공감이 돼요 선생님!"

"공감해 주시니! 고마워요! 사실 짝퉁은 이 붕어빵 하나로 끝나야 하는데 말입니다! 하하하"

"자기야! 우리 오늘 밤에 지금 선생님께서 하신 말씀을 기준으로 자기와 나 사이 사랑이란 것을 면밀하게 재점검 해봐야 할 것 같은데?"

"내가 붕어빵을 굽는다고, 사랑까지 붕어빵일지 모르겠다는 의심이 든다 이거지?"

"선생님 말씀 듣고 보니, 자기의 모든 생각과 행동에 의심이 시작되었어! 호호호!"

"오늘 밤에 이불 속에서 한바탕 전쟁이 벌어질 지도 모르겠군!"

〈 리스본 대지진 〉
1755년 11월 포루투갈의 수도 리스본에서 일어난 진도 9의 대지진,
이 지진으로 최소 3만, 최대 10만 명의 인명이 희생되었다.

18. 악과 고통 그리고 사랑

　겨울은 한껏 깊어가고 음력으로도 해가 바뀌어 정월이다. 설날을 지내고 나면 겨울도 반환점을 돈다. 붕어빵 사장들도 명절 전후로는 사나흘씩 포장마차 허리를 질끈 동여매두고 명절 휴업을 즐긴다.
　정월 대보름을 며칠 남겨 둔 어느 날 낮에 포장마차가 있는 길을 지나는 데 뜻밖에도 포장마차를 열고 있었다.
　'옳거니, 붕어빵 포장마차 사장 부부가 나와의 만남을 재촉하느라 일찍 연 것이 아닐까?'
　착각은 자유라고 하지만, 나는 나이답지 않게 이런 착각을 할 때가 있다. 그날은 조금 서둘러 포장마차로 발길을 향했다. 명절 끝이라 어쩌면 포장마차를 일찍 접을지도 모르기 때문이었다. 짧은 겨울 해가 아직은 한 뼘이나 남았는데, 포장마차를 들어서는 나를 두 부부가 반긴다.
　"아내님은 아직 퇴근 시간이 이른데 벌써?"
　"오늘 연가를 냈어요! 어디 다녀올 데가 있어서요!"
　"그랬구나!"
　나는 늘 정해진 순서대로 종이컵을 꺼내고 거기에 어묵 국물을 한 국자 따라 입안을 적시고 붕어빵 한 개를 집어 들었다.

"선생님! 지난번에 '신은 선하다는 명제에 대하여 얘기했어요!"
"그랬지요?"
그때 포장마차 휘장 안으로 30대 중반의 한 여성이 들어섰다.
"붕어빵 몇 개만 싸 주세요!"
그러다 나와 눈이 마주쳤다!
"교수님! 반가워요! 여기서 뵙네요!"
"아니! '영감마님'께서 어찌 붕어빵 포장마차에까지?"
"아이! 교수님! 왜 또 그러세요! 그런데 교수님도 붕어빵을…?"
"영감마님이 잡숫는 붕어빵을 교수도 먹느냐?"
"교수님은 언제나 여전하셔요! 아참! 언젠가 세미나에서 교수님이 붕어빵 즐겨 드신다는 말씀하신 것 이제 생각났어요! 사실은 저도 붕어빵 좋아하고요! 저희 집 큰 애도 가끔 사다주면 싫다고 하지 않고 잘 먹어요! 그래서 오늘 몇 개 사가지고 들어갈까 해서요!"
"그러면 근무지를 이쪽으로 옮기셨나?"
"예! 지난 연말 인사에서 이곳으로…"
"좌천?"
"그런지도 몰라요 교수님! 둘째 아이 산후 휴가 마치고 복직 신청했더니 마침 여기가 비어있다고 해서요!"
"그랬구나! 부군께서는 그럼 서울에?"
"네! 당분간요! 저는 이곳으로 발령 난 김에 친정집에서 머물려고 제가 아이들을 데리고 내려왔어요!"
"그랬구나! 아이들은 어머니와 같이 있는 편이 낫지!"
"교수님! 제가 먼저 실례해야 할 것 같아요! 교수님은 서서 붕어빵을 드신다고 하신 것 같으니까!

제가 양보 해야지요?"

"허허! 기억해 줘서 고마워요! 나는 이제 겨우 한 마리 먹었으니까!"

"교수님! 다음에 연락드리겠습니다!"

인사를 하고 갔다.

"저 분이 선생님께 '교수님'이라고 하시던데, 제자이세요?"

"궁금해졌구나! 아내님께서! 그러나 처음 원칙을 유지합시다! 거기서 더 이상 알면 우리의 위대한 '전능자 담론'에 지장을 받으니까! 허허허!"

"저는 그것보다, 교수님이 그 여자 분을 '영감마님'이라고 부르셨어요! 누구신데요?"

"저 분이 검사입니다. 검사!"

"네에?"

"'여 검사!' 이렇게 보니 그저 보통 엄마들 모습이지요?"

"그렇습니다! 교수님!"

남편과 아내가 나를 부르는 호칭이 선생님에서 교수님으로 바뀌어버렸다. 그냥 두기로 한다.

"신으로 지칭되는 전능자는 선하다! 여기서부터 이어가야 해요! 교수님!"

아내는 여검사에 대한 관심이 별로 없어 보였다. 하기야 그래야할 필요는 없었다.

"알겠습니다. 아내님!"

전통적으로 전능자는 선하다는 전제에 이어, 그 전능자가 존재하는 모든 것을 만들었는데, 그가 만든 이 세상에는 악과 고통이 있다. 이것은 모순을 드러낸다. 선한 전능자가 만든 세상이라면 악이 있어서는 안 된다. 그런 면에서 이 세 개의 명제들은 서로 상충한다. 이 고민을 '트릴레마[1]라고 부르기도 한다.

  흔히 뜨거운 감자의 문제[2]는 '딜레마'로 부른다.

  들고 있을 것인가?

  내려놓을 것인가?

  고민의 내용이 둘이다.

  그런데 악과 고통의 문제에서는 고민의 내용이 셋이다.

  첫째, 전능자가 세상을 만들었다.

  둘째, 전능자는 선하다.

  셋째, 세상에는 악과 고통이 있다.

  이 셋이 조화가 되지 않는다. 그래서 트릴레마다. 선하다는 전능자가 세상을 만들었는데, 왜 세상에 악이 횡행하느냐는 것이다.

  이 모순의 해결을 위해서는 세 개의 전제를 재검토해야 하는데, 이 세상에 악이 있다는 사실은 변개할 수 없는 사실이니 이 명제는 수정할 수 없다. 그러면 전능자가 선하다는 것과 전능자가 세상을 만들었다는 것 두 가지가 남는다. 이 둘 중에서 어느 하나의 정의를 수정하거나 절충하지 않고는, 악과 고통의 문제를 인간이 지닌 사고구조로는 이해가 불가능하다.

  두 가지 중에서 전능자가 세상을 만들었다는 명제는 포기하기 어렵다. 전능자 담론은 '존재하는 모든 것은 누군가가 만들었다'는 전제에

---

1 트릴레마(trilemma): 세 가지 문제가 서로 얽혀 있어 옴짝달싹하지 못하는 삼중악재가 겹친 진퇴양난의 상황. 이에 비해 두 가지 중에서 어떤 것을 선택하더라도 안 좋을 수밖에 없는 이중악재의 상황은 딜레마(dilemma)라고 부른다.

2 한국인들이 즐겨 쓰는 '뜨거운 감자'라는 말은, 이제 막 불속에서 구워낸 감자를 들고 있자니 뜨겁고, 버리자는 아까워서 이러지도 저러지도 못하는 어정쩡한 상황을 설명할 때 잘 표현해 준다.

동의가 되었고, 만든 자가 곧 전능자이기 때문이다. '전능자 담론'은 만물이 '저절로' 생겼다고 여기지 않고 출발했기 때문에 '전능자가 세상을 만들었다'는 전제는 여기서 재론할 여지가 없다. 여기에 수정을 가하면 '저절로'라고 주장하는 진화론으로 가거나, '알 수 없다'고 주장하는 불가지론으로 기울고 만다.

악과 고통에 직면한 인간이 '왜 나냐?'는 부르짖음은 필연적으로 전능자와 직결된다. 그래서 전능자를 지지하면서 인간이 당하는 악과 고통의 문제를 해결하려는 수많은 신학자와 철학자들은 고민 끝에 전능자의 '전능'에 대하여 재검토하기 시작했다.

사람들이 대체적으로 인지하던 '전능'이라는 개념은 이 세상에서 저질러지고 있는 모든 재난도 다 막아낼 수 있는 '완전무결한 전능'이다. 그러나 악과 고통의 문제에 직면해서는 의구심이 일어나지 않을 수 없다. 그래서 '고매한 현자'들이 의문을 품기 시작했다.

'우리가 알고 있는 전능의 개념 안에 세상에서 저질러지는 악을 방지하는 역할이 포함되어야 하는가?

어쩌면 그게 아닐 수도 있지 않은가?

전능자의 전능과 이 세상에서 저질러지고 있는 악과 고통을 제거하는 일은 전능의 영역에 포함되지 않을 수 있다고 하면 어떨까?'

이렇게 생각하기에 이르렀다.

풀어서 정리하자면 '전능자가 전능하다는 것은 이 세상에서 저질러지는 악과 고통과는 무관한 전능이다!' 이것은 '수정된 전능자 담론' 쯤으로 일컬어질 수도 있다. 그렇게 수정하면서 '전능자의 전능은 완벽성을 유지하고 있다고 보아야 한다'고 주장한다. 특히 전능자를 적극적으로 옹호하려는 신학자들 중에서 이런 수정 이론을 내세우기도 한다.

전능자를 옹호하려는 태도는 이해할 수 있지만, 이쯤 되고 보면 이것은 분명히 '전능'이 아니다. 부분적으로 전능할 뿐이다. 이를 두고서 '저절로 되었다'와 '어차피 알 수 없다'를 주장한 쪽이 득세하면서, 악과 고통의 문제는 미제사건으로 남게 되었다. 그리고 시간이 흘러왔다.

"교수님! 이 문제가 우리 포장마차 전능자 담론에서 해결될 수 있을까요?"

붕어빵을 부지런히 구워내면서도 진지하게 듣고 있던 남편이 의문을 제기한다.

"전능자가 자신이 들지 못하는 바위로서 '사랑하고 사랑받기'를 목표로 정하고 삼라만상을 만들었음을 염두에 두고 접근해 볼까요?"

"그러면 어떻게 되는데요?"

전능자에게도 딜레마가 있었다.

무언가를 할 것이냐 말 것이냐?

아무것도 하지 않는다면 전능자의 의미도 없다. 그래서 결국 무언가를 하기로 했는데, 이번에는 무엇을 할 것인가의 문제에 직면했다. 손바닥 뒤집기와 같이 쉽고 하찮은 일을 한다면 안 하는 것과 진배없다. 그래서 뭔가를 해야 하는데, 전능자는 자기가 들 수 없는 바위를 만들되, 의미 있는 바위로 만들자고 결정했다. 전능자가 자신과 사랑을 주고받을 파트너를 만들어서, 그들과 서로 사랑하고 서로 사랑 받자는 것이다.

이 목적이 극복해야 하는 과제 중에는 자기가 피조 한 인간들로부터 '사랑하고 사랑받기 아이템'이 멸시를 받아서는 안 된다. 전능자가 조소거리가 될 수는 없기 때문이다.

다음으로 전능자의 이 프로젝트는 필연적으로 전능자가 뭔가를 하는 주체가 될 뿐 아니라, 자기가 피조 한 사랑의 파트너로부터 선택을 기다리는 철저한 '객체'가 되기도 해야 한다. 그렇게 할 때라야 사람들로부터 전능자가 선택을 받고, 전능자가 바라는 그 '사랑'을 받을 수 있다.

이를 위해 전능자는 자신의 존재형식을 사람들이 오감과 이성에 의한 경험으로 만날 수 있는 존재가 아닌 감추어진 존재가 되어야 했다. 사람들에게 감추어진 존재, 이것을 사람들은 신으로 인지하고 신이라 부른다. 그래서 전능자는 신의 입장에 서야 할 뿐 아니라, 전능자 유일의 신만이 아니라 또 다른 신도 있는, 복수의 상황으로 만들어야 한다. 자신 뿐 아니라 허상의 신적 존재를 더불어 만들어 사람들이 선택 가능한 여러 선택지의 하나로서 존재해야만 한다.

그래서 사람들이 인지하는 신은 여럿이 되어야 했고, 그 신들의 대열에 전능자는 시침을 떼고 앉아 선택을 기다려야 한다. 그런 토양이 될 때에야 비로소 사람들과 전능자 사이에서 흠결이 없는 사랑이 싹을 틔울 수 있다.

그런데 만일 어느 순간에 전능자가 자기를 들어내는 '커밍아웃'을 하게 되면 어찌 될까?

사람들에게 전능자의 '커밍아웃'은 곧 '사랑의 종료'를 의미한다. 전능자가 자기를 들어내면, 설정해 둔 여러 신들은 모두 가짜이고, 오직 전능자 하나만이 창조자이고 만유의 주인이고 사람들의 나고 죽음과 화, 그리고 복을 모두 관장한다는 것이, 사람들에게 객관적 사실이 된다. 사람들이 전능자를 백두산이나 한라산을 보는 것처럼 인식하게 된다.

그리되면 사람들의 전능자에 대한 태도는 오직 한 길뿐인 복종이 되고 만다. 누구나 아는 전능자로 드러난 존재 앞에서 꿇어 엎드리지 않는 자는 지능이 모자란 사람들과 어린 아이들이다. 사람들의 전능자를 향한 자세에서 사랑이라고 할 만한 것은 기대할 수 없게 된다.

전능자는 세상에 횡행하는 악과 고통을 제거할 수 있다. 전능자니까! 그러나 그리되면 전능자의 존재가 태양이나 달처럼 드러난다. 전능자가 사람들로부터 '사랑받기'를 포기하고, 히틀러가 홀로코스트에서 학살하는 유대인들을 그때그때 모두 구해낸다면 히틀러의 악행은 그 순간 멈출 것이다. 전쟁으로 총탄에 쓰러지는 자들을 전능함으로 다시 살려낸다면 전쟁은 그 순간 멈출 것이다. 그러나 동시에 인류와 전능자 사이의 관계는 오직 하나만이 남게 된다. 당연한 복종의 길 뿐이다. 전능자와 사람 사이의 사랑 나눔은 종언을 고하게 된다.

그러니 세상에 아무리 악과 고통이 횡행하더라도 전능자는 두 눈을 질끈 감고 모른 척 할 수밖에 없다. 전능자는 피눈물을 흘리면서 외면할 수밖에 없다. 만일 세월호가 점점 바다에 잠기고 있을 때, 주기도문을 암송한 여학생을 족집게로 집어내듯 전능자가 구해낸다면, 한국 국민들은 그 즉시 기독교인이 될 것이다. 전능자가 '커밍아웃' 했는데도 전능자를 전능자로 인정하지 않고 전능자에게 합당한 예우를 갖추지 않을 바보는 없기 때문이다.

"교수님! 저는 또 시장의 '광택 약 장수' 생각이 나요! 호호!"

"저는 가능한 이론이라고 여겨지는데요?"

"4차원 아내님보다 남편님이 논리적이라는 걸 의미하는 대답입니다."

"저도 가능한 이론이라고 설득이 되었어요! 그런데 조마조마한 것이 집에 가면 그것이 소용없는 광택약이 될 것 같아 위태롭다는 뜻입니다. 교수님!"

"그럴 수 있어요! 전능자가 자신을 감추어야 하는 전능자의 은닉에 대해서는 규명해야 될 과제가 더 있기 때문입니다. 전능자와 사람과의 사랑만이 사랑이냐는 문제도 있어요! 아내님은 지금 그 생각을 하고 있는 거지요?"

"맞아요! 교수님! 사랑이 꼭 전능자와 사람 사이에만 있는 것이 아니잖아요! 그리고 지난번에 남편과 사랑을 확인해 보겠다고 했었잖아요?"

"그랬지요!"

"그날 밤 저희 부부는 우리가 서로 사랑하고 있다! 확인이 되었거든요!"

"천만다행입니다! 부부간에 사랑이 없으면 '앙꼬 없는 찐빵'이 된다는 것 알지요?"

"교수님! 그거 '아재개그[3] 같은 데요! 저희는 그 말을 처음 들어요, 호호호!"

"일본말을 써서 '앙꼬 없는 찐빵'이라 하는데, '고무 줄 없는 팬티'라고도 했어요! 쌍팔년도에 유행한 유행어예요! 부부간에 사랑이 없다면 반죽으로만 구워낸 붕어빵처럼 맛이 밍밍하다! 그런 아재개그 맞아요! 그런데 부부간에 사랑이 있다고 확인된 내용이 궁금하네요?"

"시어머님은 내가 실수했을 때 가끔 책망도 하시는데요, 남편이 곁에서 볼 때는 내가 저지른 실수가 귀엽게 보인데요! 그래서 자기 어머니가 며느리를 책망하셔도 저를 이해하기 때문에 그런 상황에서 묵묵히 있을 수 있다고 말해 줄 때, 저는 그것이 정말 나에 대한 사랑이라는 확신이 왔어요!"

"이 사람과 제가 처음 소개팅에서 만나 알게 된 다음 서로 핸드폰 번호를 주고받고, 약속 장소에서 단둘이 만났을 때, 귀에 종소리가 들렸대요! 그리고 제 얼굴 뒤로 후광이 보이고 꽃비까지 내렸다고 했거든요!

---

3 우스개소리 중에서 젊은 세대가 쓰는 것이 아닌 한물 간 기성세대의 우스개소리를 '아재개그'라 하기도 한다.

그런데 종소리, 꽃비, 후광 이 세 가지가 아직도 조금은 남아 있답니다. 그 고백을 듣고 이 사람의 저를 향한 사랑을 확인할 수 있었습니다!"

"아직 콩 깎지가 벗겨지지 않아서 그래요! 껄껄껄!"

"교수님! 콩깍지 사랑도 사랑이잖아요?"

"그렇지요! 일단 그렇다고 해 둡시다!"

"그럼 교수님은 사모님과의 사이에서 어떻게 사랑을 확인하시는데요?"

"결혼 35주년을 맞이하는데, 그거면 '사랑' 아닌가?"

"와! 벌써 35년, 저희 부모님과 비슷해요!"

19. 부부간의 진짜 사랑

"내가 알고 있는 두 부부가 있어요! 아내는 초등학교 교사로 시작하여 교장을 거쳐 지금은 은퇴했는데, 어느 날 세미나에서 부부 사랑이 주제가 되었을 때, 내가 그분에게 남편으로부터 어떤 사랑을 받고 있는지 물은 적이 있어요!"

"그랬더니요!"

"남편이 조그만 사업을 하는데, 아내 알기를 최고로 알고, 아내가 업어달라고 하면 업어줄 만큼 평생 자기 말을 잘 들어 준대요! 그런데 내가 아는 그 비슷한 연배의 부부가 있어요! 이 부부는 결혼 직후부터 치열하게 싸우는 부부입니다. 이미 오래 전부터 각 방을 쓰면서 요양병원에 계신 시어머니 병문안은 남편 홀로 다닌 지가 수 삼년이 되었대요! 이들 부부는 두 아들을 키웠어요! 모두 결혼을 시켰는데, 그렇게 살면서도 부부가 이혼하지 않고 지금까지 살아요!

전자와 후자 부부 중 어떤 부부가 더 사랑하는 부부라고 생각돼요?"

"당연히 전자가 아닐까요?"

"초등학교 교장을 지내신 여 선생님은 그동안 가정 경제를 책임져 왔어요! 남편의 사업이 들쑥날쑥할 때마다 남편에게 용기를 주면서 돈 문제를 대부분 해결해 주고 자녀 교육도 흠잡을 데 없을 만큼 완벽에 가깝게 했어요! 만일 남편이 자기 아내의 그런 면에 감동해서 공주처럼 떠받들었다면 그것은 사랑이기보다는 조건반사일 가능성이 농후해요! 물론 남녀의 관계가 꼭 조건에만 좌우되는 것은 아니지만요!"

"그럴 수 있겠어요! 교수님! 두 번째 부부는요?"

"내가 남편의 상담역이 되었었어요! 그래서 남편의 얘기를 소상히 들을 기회가 있었어요! 두 분이서 미국으로 여행을 갔답니다. 자녀들이 보내줘서 갔대요! 서울에서 미국 서부 패키지 여행으로 40여 명이 출발했기 때문에 10박 12일 동안 미국에서 버스투어를 하는데, 남편이 말하기를, 그 여행의 가이드가 여자 분이었는데, 어찌나 능숙한 가이드인지, 12일 동안 관광버스 안에서 인원체크 하는 모습을 한 번도 본 적이 없대요!"

"그게 무슨 말씀이세요? 교수님?"

"나도 처음에 그게 무슨 말씀이세요? 하고 물었지요! 처음에는 이 분이 그 가이드의 프로페셔널한 가이드 비법에 감탄을 했었대요! 그런데 여행이 끝날 무렵 알게 되었는데, 자기 부부만 타면 버스가 출발한 거예요!"

"호호호호!"

"네?"

4차원 아내는 깔깔대면서 웃는데, 남편은 얼른 뜻을 알아채지 못한다.

"아내님이 남편님에게 설명해 보시지요!"

"자기야! 이 부부만 버스에 타면 40명 모두가 탄 거야! 그러니 곧바로 출발했을 거 아냐? 그래서 이 남편은 여행 내내 가이드가 버스 통로를 왔다 갔다 하면서 인원 체크하는 모습을 볼 수 없었던 거지!"

그제야 남편도 웃었다. 그리고 질문한다.

"왜 그렇게 그 부부가 '진상부부'가 되었대요?"

"남편 하는 얘기를 들으면 가이드가 버스에서 내릴 때, 30분간 시간을 주면 남편이 아내와 함께 이리저리 구경을 하다가 30분이 다 된 것 같아서, '얼른 버스 탑시다! 시간이 다 되었네!' 하면 아내가 꼭 그때에 화장실을 가겠다고 한대요. 또 어떤 때는 저 장면 사진은 꼭 찍어야 한다든지, 버스에 타자고 얘기할 때마다, 한 가지씩 무언가를 새로 시작하여 맨 꼴찌가 되었다고 해요!"

"이해할 수 있어요! 제 친구 중에도 그런 친구 있어요! 가만히 있다가 다 같이 '뭐 하자!' 그러면 '나 이거 하고!' 하면서 늦장을 부리는 데 아무리 잔소리를 해도 못 고쳐요!"

"어쨌든! 어떤 부부가 더 사랑하는 부부예요?"

"…"

"아내가 만능이라서 예뻐해 주는 남편의 태도를 조건 50, 사랑 50으로 분석할 수 있다면, 늦장부리는 통에 관광버스를 지체하게 하는 아내를 데리고 사는 남편은 조건은 0에 가깝고 사랑이 100이에요! 이러한 아내와 사는 남편의 태도는 사랑 아니고는 다른 것으로 설명할 수 없어요!

그렇지 않아요?"

결혼할 때는 어느 부부나 사는 동안에 어떤 일이 있어도 검은 머리 파뿌리 되도록 백년해로 하겠다고 다짐을 한다. 그러나 그 부부에게 순풍만이 아니라 역풍도 불어온다. 순풍에서는 사랑이 작용하는 힘이 엷다. 역풍을 만날 때 그 부부의 사랑의 진가는 드러난다. 이혼의 위기에 처했을 그때부터 비로소 부부간의 진짜 사랑은 싹이 틀 수 있다.

도저히 같이 살아갈 수 없는 환경에 처했을 때 '그럼에도' 함께 살면서 견디겠다고 하는 태도, 그것이 사랑이다. 배우자가 외도를 하여 헤어질 수밖에 없는 상황에서 '그럼에도 용서하고 이해하고 사랑하며 끝까지 살겠다.' 이 자세가 사랑이다.

아내가 유능하니까, 남편이 잘해 주니까, 자식들이 속 썩이지 않고 잘 자라줘서, 이러한 순풍 가운데 부부가 화합하면서 사랑한 그 사랑보다, 최고의 악조건에서도 버티면서 처음 약속을 지키고 상대를 끝까지 용서하면서 살겠다는 그 자세가 진짜 사랑이다.

이 사랑을 알고 이 사랑을 할 때, 전능자의 사람들을 향한 사랑도 이해하게 된다.

인류가 생긴 이래 가장 크게 겪은 재앙은 무엇일까?

흑사병, 리스본 대지진, 홀로코스트, 동남아시아 쓰나미, 일본의 쓰나미, 한국의 세월호일까?

아니다. 인류가 가장 크게 당한 재앙은 성경에 따른다면 노아의 홍수 사건이다. 이때는 전 세계 인구 중에서 노아 일가족 여덟 명을 제외하고 모두 죽었다. 구약 성서는 이것을 전능자 야훼가 했다고 기록한다. 성서의 야훼를 전능자로 인정할 경우 그 전능자는 노아의 홍수 때 침묵했다. 아니다 오히려 그 모든 것을 처음부터 끝까지 주관했다.

전능자와 악과 고통의 문제를 거론할 때 대표적으로 사람들은 위에서 지적한 흑사병, 리스본 대지진, 홀로코스트, 아시아의 쓰나미를 거론하면서 전능자를 공격한다. 이런 문제로 전능자가 공격을 받아야 한다면 보다 근원적인 상징적 사건이 노아의 홍수 사건이다. 노아는 전능자의 이러한 폭거(?) 앞에서도 전능자에게 사랑을 고백했다. 도무지 전능자를 사랑할 수 있는 건더기라고는 한 조각도 없다. 오직 경멸, 저주, 악담만을 할 수 있는 상황이었다. 그럼에도 노아는 전능자에게 순종하고 제사를 지냈다. 이것이 사랑이다.

한국인들에게는 세월호 사건이 향후 수 세기 동안 전능자 담론에서 전능자의 무능을 공격하는 상징적 사건이 될 것이다. 고등학생 250명을 포함한 304명의 생명이 스러져 가고 있었다. 한국의 TV방송은 수 시간 동안 이 모습을 생중계했다. 배 안에 있던 사람들 중에서 단 한 명도 구조하지 못했다. 단지 선실 밖에 있다가 바다로 뛰어내린 사람들만을 건져 올렸을 뿐이다. 그때 전능자는 아무것도 하지 않았다. 모든 것을 할 수 있는 자가 위기 앞에서 아무것도 안 했다.

이는 사랑했던 아내가 다른 남자의 품으로 간 치욕적 배신보다 더 한 무작위적 태도이다.

그럼에도 전능자를 사랑할 수 있을까?

지금까지 인류의 역사를 보면 '그럼에도' 전능자에게 사랑을 고백하는 사람들이 있었다.

"교수님 말씀을 듣고 보니 오싹해져요!"

"교수님! 그러나 사람들이 알고 있는 사랑은 많이 다르지 않나요?"

아내와 남편의 태도가 엇갈린다.

"이런 때일수록 우리가 이 붕어빵 포장마차에서 처음 합의했던 '전능자 담론'을 꼼꼼히 점검해야 합니다."

전능자는 아무것도 안 하면 아니 되었다. 무언가 하기는 하되 식은 죽 먹기와 같은 일은 의미가 없다. 섣불리 했다가는 '전능자는 자기가 들 수 없는 바위도 만들 수 있나?'라는 질문 앞에 속절없이 전능자 담론이 중지될 수도 있다. 전능자는 이러한 상황이 언젠가 오리라는 것도 알고 있었다. 그래서 전능자는 자타가 공인하는 '전능자가 들 수 없는 바위'를 만들되, 그 바위를 만들어 놓고 전능자에서 무능력자로 주저앉는 바보가 되지 않아야 하며, 사고 능력과 자유의지를 가진 주체들로부터 '그럼에도 전능자는 역시 전능자'라는 고백을 받아내야 한다. 전능자는 모든 것을 안다. 전능자는 이 모든 것을 알고 있으면서 결단했다. '사랑하고 사랑받기' 프로젝트다!

이 프로젝트에서 전능자는 뭔가를 하는 주체로서의 자리뿐 아니라, 선택의 대상이 되어 한없이 낮아지지 않으면 안 되는 철저한 객체의 자리에 있어야 한다. '전능자가 있다면 이런 일이 일어날 수 없다'고 매도되는 그 자리 그 순간이 전능자가 온전히 객체가 되는 때이다.

〈홀로코스트〉
히틀러가 12년(1933~45) 동안 자행한 대학살

20. 사랑과 사랑 아닌 것

"붕어빵의 맛은 무엇이 좌우할까요?"
"붕어빵 맛은 아무래도 팥 앙금 맛 아니겠습니까?
앙금을 잘 만들어야 한다고 생각이 됩니다. 교수님!"
"자기야! 내 생각에는 반죽이 더 중요할 거라고 생각되는데?
만드는 과정도 반죽이 훨씬 복잡하고 반죽에 첨가되는 것들도 훨씬 많을 것 같은데?"
"반죽과 팥 앙금을 조달하는 업체가 따로 있는 걸로 아는데요?"
"그렇습니다. 교수님! 포장마차와 빵틀을 제공하는 업체에서 반죽과 팥 앙금은 물론 어묵과 대부분의 재료를 공급하고 있어요! 그러니 사실은 반죽과 팥 앙금 속에 어떤 재료가 들어가는 지 저희들은 잘 모르고 그냥 구워서 팔고 있습니다!"
"당연히 그렇겠지요, 그런데 아내님! 이 반죽 속에 밀가루 말고 뭐가 또 들어갔을 것 같아요?"
"설탕이 들어갔을 거고요! 단 맛을 내야 하니까, 간을 맞춰야 하니까 소금, 그리고 계란은 분명히 들어간 것 같고요, 아마 조미료도 쓰지 않았겠어요? 거기에 향신료, 아참! 땅콩을 가루로 내서 섞지 않았을까 해요! 붕어빵을 먹다보면 땅콩냄새가 나기도 하거든요! 이외에도 공개하기 꺼려하는 비법도 있지 않을까 생각이 들어요!"

"이 반죽에 그렇게 여러 가지가 들어간단 말이야?"

"그럼! 남자들은 먹을 줄만 알았지, 음식에 뭐가 들어가는 지는 관심이 없어요!"

"대체로 남자들은 그 쪽에 관심이 없는 건 맞아요! 그러나 요즘 '달인' 프로그램을 보면 음식 한 가지 만들기 위해서 수년씩 공을 들여서 맛을 내는 것을 보면 감동적일 때가 많아요! 육수 한 가지 우려내는 데도 얼마나 많은 과정을 거치는지, 존경스러워요!"

"저는 그냥 마케팅 개념으로 이 겨울 한 철 붕어빵 포장마차 경험하나 쌓아보자 하고 시작했는데, 이 붕어빵이 존경스러워집니다. 교수님!"

"요즘은 프랜차이즈 식으로 붕어빵 포장마차도 운영이 되니까, 음식이라고는 아무것도 할 줄 모르는 자기가 이걸 할 수 있는 거지! 재료 다 만들어서, 전화 한 통만 하면 다 배달해 주니까, 굽는 일만 하면 되지!"

"우리 입에 들어가는 붕어빵이 탄생하기까지 그 과정을 세세하게 들여다보면 여간 복잡한 것이 아닐 겁니다. 그런데 다시 '전능자 담론'으로 돌아가 봅시다. 전능자가 '사랑'을 생각해 내고 사랑하고 사랑받는 프로젝트로 전능자의 능력을 발휘하겠다, 했어요!

사랑이 붕어빵보다 간단한 것일까요?

복잡한 것일까요?"

"교수님! 붕어빵과 사랑을 비교해 보자고 하시는 거지요?"

"네! 아내님!"

"어머나! 너무나 격이 안 맞는 대상 같아요! 아니다, 비교 대상이 될 수 있을 것 같아요!"

"우리가 쉽게 이야기하는 '사랑'도 조금만 생각해 보면, 그 '사랑'이 탄생하기까지 붕어빵 이상의 과정을 거치지 않을까에 초점을 맞춰보자는 거지요! 전능자가 사랑의 개념을 생각해 내고, '전능자인 나도 사랑을 받아보자!' 했어요! 그때부터 전능자가 해야 할 일이 무엇일까, 사랑을 주고받는 환경을 만들어야 하겠지요?"

"교수님이 어떤 말씀하시고 싶어 하시는지 알겠어요! 사랑이 오고가는 환경이 어떠해야 하는가? 이걸 말씀하고 싶으신 거지요?"

"아내님의 건너뛰는 실력은 정평이 났어요! 우리 세 사람 가운데서!"

"자기야! 사랑이 오고가는 환경이 뭐가 중요하다는 거야? 사랑이 오고가야 하는 환경은 당연히 사랑이 넘치는 곳이어야 하는 거 아닌가? 그렇지 않나요, 교수님?"

"아내님도 그렇게 생각이 들어요?"

"아니에요! 별 생각 없이 대답할라치면 자기처럼 말하게 되겠지! 그러나 교수님이 지금 붕어빵 맛으로 시작해서 여기까지 온 것을 감안해야 해! 사랑이 탄생하는 토양은 어떤 것인가, 마치 붕어빵이 맛있게 구워지기까지 과정을 생각해 보라는 거 아니겠어? 밀가루는 어떻게 얻어지나, 팥은 어떻게 얻어지나, 그런 차원에서 '사랑은 어떻게 얻어지나' 이렇게 생각하고 대답해 달라는 교수님의 요청이잖아?"

"자기야! 나는 붕어빵을 구워서 팔면서 교수님과 대화를 나누고 있어서 그래! 나도 자기처럼 교수님과 집중해서 대화하면 이렇지 않지!"

"아닙니다! 남편님이 그렇게 응대하시니까 우리 붕어빵포장마차 전능자 담론이 훨씬 더 재밌어지는 겁니다. 아내님과 나와만 대화를 한다면 얼마나 삭막하겠어요? 너무 진지해져서 나중에는 심각해질 거고, 그러다보면 흥미가 떨어져요! '팥소 없는 붕어빵' 맛이 되고 말겁니다."

"교수님이 자기를 이렇게 알아주는데, 자기는 교수님께 목숨을 바치고 싶겠다. 호호호!"

"생명은 자기에게 바치고, 교수님께는 붕어빵을 바치고 싶어, 하하!"

"고마워라! 암튼 사랑이 싹트기 위한 토양이 무엇일지, 아내님의 고견을 청합니다!"

"고견은 아니지만요, 암튼 밀가루를 얻기 위해서는 밀을 땅에 심어야 해요! 밀이 잘 자라도록 그 땅을 기름지게 하기 위해서는 퇴비를 써야 하고 비료도 뿌려줘야 해요! 그리고 씨앗으로 뿌려진 밀은 지저분한 흙 속에 묻혀서 썩어야 싹이 날 수 있어요! 아름다운 밀은 더러운 흙 속에서 싹이 튼다는 자연의 이치에서 사랑이 싹트는 과정을 유추해 내어야 한다! 교수님은 아마도 이 말씀을 하고 싶은 것 같으세요, 제가 유추 하기로는요, 호호호!"

"'하고 싶은 것 같아요!'가 아니라! '그렇게 하고 싶어요!' 붕어빵을 만들기 위해서 밀의 씨앗을 거름 뿌린 밭에 심어야 하듯이, 전능자는 사랑의 씨앗을 심어서 사랑이 싹을 틔우고 자라서 열매를 맺을 수 있는 토양을 조성해야 합니다. 그러니 그 토양이라는 환경은 분명 사랑일 수는 없지요! 전능자는 사랑이 싹이 나고 자라서 열매가 맺히기를 바라는 '세상'을 만듭니다. 지금 우리가 살아가고 있는 이 세상의 본질이 그것입니다. 지금 우리가 살고 있는 이 세상에 사랑이 흔전만전한 것 같아도 사실은 그렇지 않아요! 우리 '붕어빵 포장마차 전능자 담론'에서 정의되고 합의된 결과에 따르면 이 세상은 사랑이 아닌 것을 바탕으로 하고 있어요!"

"교수님! '사랑이 아닌 것'에 사랑의 씨앗을 심어서 사랑이 나도록 해야 한다는 것이 전능자의 프로젝트이고, 그 프로젝트에 의해서 이 세상이 지어졌다는 우리의 개념정의에 따르면 지금 우리가 호흡하면서 살고 있는 환경은 필연적으로 사랑 없이 삭막한 '악을 바탕으로 한다!' 이렇게 흐르게 되는 겁니까?"

"그렇지요! 우리 남편님께서 '사랑이 아닌 토양'이란 무엇일까? 정의를 한번 내려보시겠어요?"

"아! 그거 어려운데요! '사랑의 반대말'을 찾아야겠지요? 초등학교 시절 반대말 찾아서 짝짓기는 많이 했지만, 사랑의 반대말이 뭐냐? 이거는 전혀 안 해본 것 같아요!"

"사랑의 반대말은 미움, 시기, 질투, 다툼, 경쟁… 교수님! 정말 사랑의 반대말은 딱 이거다 하고 내세울 것이 없어요!"

"왕따 아닌가? 그건 분명히 사랑은 아니지요!"

"좀 더 심한 것도 많을 것 같은데요?"

"폭력, 폭행, 강도, 살인, 사기, 공갈, 겁박…"

"교수님! 사랑의 반대는 혹시 진선미의 반대가 아닐까요? 왜냐면, 거짓, 악함, 추함이 진선미의 반대잖아요?"

"이런 것도 있다! 불행, 자연재해 그러니까 지진, 해일, 이상기후 등등"

"지금 남편님, 아내님 두 분의 입을 통해서 세상에 있는 사랑이 아닌 것들이 많이 들추어졌어요! 바로 이런 상황이 '세상'이라는 토양이고, 이것이 전능자가 의도한 '사랑을 싹틔우기 위한 토양'이다! 우리가 이렇게 정리할 수 있어요! 그런데 여기서 사랑이 아닌 것을 좀 더 축약해서 정리를 해야 담론이 계속될 수 있을 것 같아요! 내 생각에 이 모든 것들을 뭉뚱그려서 '인간의 이기심이다.' 왜냐하면 이 모든 '사랑 아닌 것'은 사람들의 자기중심 즉, 이기주의에서 비롯해요!"

"교수님! 그렇긴 하지만 대지진이나 거대한 쓰나미까지 인간에게 책임 지우기에는 무리가 있다고 생각해요! 이건 제가 평소에 해 봤던 생각이긴 하지만요!"

"잘 지적해 주었어요. 그러면 인간의 이기심에 천재지변까지 뭉뚱그려서 사랑의 반대를 '악과 고통' 이렇게 정리하면 어떨까요?"

"사랑의 반대는 '악과 고통'이다! 이렇게 정리하고 다음 이야기를 계속하면 좋겠다는 말씀이시지요?"

"왜요? 악과 고통이 사랑의 반대다! 이것에 얼른 동의가 안 돼서 그래요?"

"내 생각에는 그렇게 개념을 잡아도 별 무리는 없어 보이는데요?"

"저도 얼른 생각해 보니 그렇게 해도 될 것 같아요, 교수님!"

"좋습니다. 우리 붕어빵 포장마차의 전능자 담론에서는 사랑의 반대말은 '악과 고통'으로 정리가 되었습니다. 전능자가 사랑의 씨앗을 뿌려 싹을 틔우려는 토양에 대한 우리의 상황 인식 차원에서 편의상 이렇게 정리한 겁니다.

그걸 염두에 두었지요?"

"네!"

"네!"

"세상에는 악과 고통이 참으로 횡행합니다. 단지 정도의 차이가 있을 뿐입니다. 작고 사소한 악과 고통에는 그런대로 사람들이 견디어냅니다. 그런데 악과 고통이 감내할 수 없을 정도로 커질 때, 그때가 문제입니다. 위에서 얘기한 14세기 유럽의 흑사병 열풍, 18세기의 리스본 대지진, 20세기의 홀로코스트 그리고 21세기 한국의 세월호 사건 이렇게 큰 악과 고통에 직면하면 사람들은 그때마다 전능자를 소환해요! '전능자는 어디 있느냐?' '전능자가 있다면 어찌 이런 악이 횡행할 수 있단 말이냐?' 이렇게 사람들이 아우성을 치는데, 이때 전능자는 어떻게 해야 할까요?"

"글쎄요!"

"숨어 있어야 돼요? 전능자의 모습을 드러내야 돼요?"

잠시 침묵이 흘렀다.

"숨어 있다는 말은 이런 사건들을 외면한다는 뜻이 될 수 있고요, 모습을 드러낸다는 말은 전능자의 신분을 사람들 앞에 노출하면서 그런 사건을 전능함으로 막아내고 죽어가는 사람들을 살려내는 것입니다. 둘 중 어떤 방식을 취해야 할까요?"

"교수님! 교수님은 지금 이미 정리된 내용을 상기하고 계신 거지요? 전능자는 사랑하고 사랑받기 프로젝트를 고안하고 그것에 '전능자도 들지 못하는 바위'라는 의미를 부여한 다음 사랑을 지속하기 위해서는 전능자 자신은 숨어있을 수밖에 없다는 것을 다른 각도에서 말씀하시려는 것 같아요!"

"맞습니다! 전능자가 '커밍아웃' 한다는 것은 사랑을 싹틔워야 하는 토양을 포기한다는 것이지요! 붕어빵을 굽기 위한 밀가루를 만들려면 밀을 거름 밭에 뿌려야 합니다. 그러나 전능자가 거대한 악과 고통을 자기의 전능함으로 그때그때 막아낸다면 불가피하게 자신의 실체가 드러나게 됩니다. 전능자 자신의 드러냄의 의미는 밀의 씨앗을 더러운 거름 밭에 심기를 포기함을 의미하는 거지요!"

"그러니까, 전능자는 내년 가을에 다시 밀을 심기 위해서 밭에다가 썩은 거름과 배설물을 뿌리는 농부를 만류할 수 없다! 이렇게 됩니까?"

"그렇습니다!"

"교수님! 전능자의 사랑하고 사랑받기 프로젝트가 필연적으로 악을 동반한다는 결론에 이릅니다! 그 악을 처음부터 바탕에 깔고 그림을 그리기 시작한 화가와 같아요!"

"어부가 고등어를 내년에도 다시 잡을 수 있도록 하기 위해서 바다는 계속 파도를 일으키고 풍랑과 해일도 일으켜요! 파도가 배를 침몰시킨다고 파도를 멈추게 하면 바다 속의 물고기는 결국 다 죽게 됩니다. 어부의 그물에 고등어가 걸리게 하려면 바다는 사나워야 합니다!"

"교수님! 저도 세월호의 기울어진 선실 안에서 동영상을 찍으면서 주기도문을 외운 여학생의 동영상을 봤어요! 그때 너무나 안타까웠어요! 그 순간에도 전능자가 침묵했던 이유가 이것이라는 말씀 같아요! 조금은 이해가 돼요!"

"조금 알아서는 안 되고요! 많이, 그리고 분명하게 이해가 되어야 하는데, 아직도 우리 세 사람의 '전능자 담론'이 부족한가요?"

"사랑이 미분 적분보다 더 이해하기 어려워졌어요!"

"사랑에 이렇게 오묘한 전능자의 섭리가 숨어있었다니, 수수께끼 같아요, 암튼 놀라워요!"

때로는 당신 생각에
잠 못 이룬 적도 있었지
기울어 가는 둥근 달을 보며
타는 가슴 남몰래 달랬지
사랑 사랑 누가 말했나
향기로운 꽃보다 진하다고
사랑 사랑 누가 말했나
바보들의 이야기라고
세월이 흘러 먼 훗날

기억나지 않는다 하여도

오늘 밤 또다시 당신 생각에

타는 가슴 남몰래 달래네[1]

"이 노래 가사에서 '당신'은 연인뿐 아니라 전능자에게도 해당이 되어야 해요! 전능자는 이 사랑을 고대하고 있어요!"
"전능자가 참 딱하다는 생각이 들어요 교수님!"
"맞아요!"

---

[1] 1980년대 한국의 대중가요 '사랑 사랑 누가 말 했나' 가사의 일부. 작사 작곡 박동률, 노래 남궁옥분.

21. 전능자가 하는 일

이제는 날씨도 조금 풀렸다. 아무래도 붕어빵을 찾는 고객들이 점차 줄어듦이 눈에 띈다. 삼한사온이 한국의 겨울에서 사라진지 오래되었지만 어쩌다 푸근한 날씨에는 아무래도 붕어빵이 덜 팔린다. 하루가 다르게 날씨가 풀리고 있었다. 입에 들어가 씹히는 붕어빵 맛도 어쩔 수 없이 서서히 긴장감이 줄어든다. 괜히 '왜 이렇게 뜨거워?' 하는 느낌이 들기도 한다.

"교수님! 우리 붕어빵 포장마차 전능자 담론! 봄이 오기 전에 마칠 수 있을까요?"

"마쳐야지요! 시작이 있었으니 끝을 보아야 하지 않겠어요?"

"봄과 함께 저의 고민이 시작되었어요! 지난겨울 서너 달은 어쨌든 붕어빵 포장마차를 하느라 분주했고, 뭔가를 하고 있다는 느낌에 조바심이 없었거든요! 그런데 날이 서서히 풀리고 이 포장마차를 걷어야 한다고 생각하니, 뭔가를 시작해야 하는데 하는 생각에 조바심이 다시 시작되고 있어요!"

"뭔가를 하지 않으면 왜 조바심이 날까? 아내를 책임져야 하니까? 아니면 실업자로 살아갈 수는 없으니까? 주변에서 눈치를 주니까? 그도 저도 아니면 사표 낸 직장에 미련이 남아서? 아내는 열심히 재미있게 다니는데 남편이 되어서 빈둥빈둥 놀 것을 생각하니 배가 아파서?"

"교수님! 짓궂은 데가 있으세요! 호호호!"

"봄이 저 만치 보이니 나도 마음이 싱숭생숭해서 그래요, 허허허!"

"자기야! 조바심 내지 마! 내가 있잖아? 남편은 아내 덕에 살면 안 되나 뭐?"

"그건 아니지! 나도 남잔데, 그냥 남자가 아니라, 상 남자!"

"자기는 나에게만 상 남자야!"

"근데요! 교수님! 전능자는 그렇게 사랑하고 사랑받는 프로젝트를 계획해서 오늘날 우리가 사는 세상을 이렇게 만들어놓고 이제는 뒷짐 지고 있는 건가요? 지진이 됐든 전쟁이 됐든 쓰나미가 됐든 세상의 악과 고통에 눈을 질끈 감고서 기다리기만 하고 있으면 되나요? 그러면 나도 전능자처럼 아내에게 의지해서 아내 덕으로 살아도 조바심도 안 날 것 같아요!"

"맞는 얘깁니다! 그에 대해 내가 역으로 질문해 볼게요! 지금 전능자는 조바심을 내고 있을까요, 아니면 느긋하게 배 두드리면서 따뜻한 아랫목에서 때 절은 이불자락 휘어 감고 누룽지 끓여 먹으면서 지낼까요?"

"교수님! 저는 후자라고 생각돼요! 이제 세상은 자연법칙에 따라서 착착 돌아가고 있고, 전능자는 충분히 명분을 세웠고, 우리 포장마차 담론에서 전능자의 입장을 십분 이해했으니, 더 이상 바랄 것도 없이 붕어빵도 먹고, 누룽지도 먹고, 또 생각나면 톡 쏘는 홍어삭힘에 탁배기 한 잔 하면서 지낸다 한들, 누가 전능자 욕하겠어요?"

"자기야! 그건 아니다! 교수님, 제 생각에는요 전능자가 조바심을 내고 있을 것 같아요! 왜냐면요, 밀을 밭에 뿌린 농부가 어디 마음 놓을 새가 있겠어요? 싹은 제대로 움틀까? 겨울을 넘기고 서릿발에 씨앗이 땅에서 떠서 말라비틀어지지는 않을까? 한시인들 마음이 놓이겠어요?"

"오호라~, 우리 아내님! 어찌 밀농사에 대해서 그렇게 잘 알아요?"

"교수님! 제 별명이 4차원이기는 하지만요! 저절로 4차원이 되는 것은 아니거든요! 지난 번 교수님께서 '밀의 씨앗을 가을에 뿌린다.' 그렇게 말씀하셔서 '이상하다! 왜 봄에 씨앗을 뿌린다고 하시지 않고 가을에 뿌린다고 말씀하실까?' 궁금했거든요! 그 자리서는 어찌하다보니 질문할 때를 놓쳤어요! 그래서 나중에 인터넷으로 밀농사 공부했어요! 그리고 알았어요! 사실은 이렇게 뒤에서 노력한 결과를 가지고 사람들 앞에서 조금 아는 체 하면, '와우~ 4차원인데!' 하면서 감탄해 주는 척을 하더라고요!"

"그랬구나! 노력 없이 저절로 알게 되는 것은 없어요! 저는 초등학교에 다닐 때 이른 봄이 오면 4학년, 5학년, 6학년 학생들 논밭에 나가 보리밭, 밀밭 밟아주기에 동원된 경험도 있어요! 밭고랑 한 쪽에 일렬로 학생들을 세워놓고 선생님이 호루라기를 불면 밀 보리 싹을 밟으면서 고랑 끝까지 가는 겁니다. 저는 어린 마음에 처음에는 고랑을 밟으면 안 될 것 같아서 밀 보리 싹이 없는 이랑을 밟고 가다가 선생님께 지적을 받기도 했어요! 나중에 선생님이 설명해 주시는데, 서릿발 때문에 싹이 난 씨앗이 지면에서 떠올라 자칫 말라 죽게 된대요! 그래서 밟아줍니다!"

"저는 몰랐습니다. 교수님! 그런데 제가 결혼을 잘 한 것 같아요! 교수님!"

"참 잘 했어요!"

"교수님! 전능자는 지금 혹시 밀 보리 밟아주기를 하고 있을까요?"

"자기야! 너무 앞질러 간다!"

"아닙니다! 아내님 말씀 잘 하셨어요! 전능자가 키우는 사랑! 그냥 두면 절대 자라지 못해요! 전능자는 끊임없는 조바심 속에서 사랑을 가꾸고 있을 겁니다. 그렇지 않으면 사랑이 어떻게 싹이 나고 자라 열매를 맺겠어요?"

"전능자가 하는 일은 그럼 우리가 어떻게 이해하고 받아들여야 합니까?"

"우리가 앞에서 사랑은 선택이라는 말을 했어요! 기억하지요? 내가 어떤 상대를 미워할 수도 있으나 사랑하기로 했다! 그래야 진짜 사랑이다. 오직 미워할 수 있는 길뿐이어서 미워했다면 그것이 미움일 수 없고, 오직 사랑할 수밖에 없는 외길에서 사랑했다면 그것도 사랑이라고 할 수 없어요! 사랑은 사랑하는 주체에게 완벽한 선택의 자유가 주어져야 합니다. 미워할 수 있는 가능성 반, 사랑할 수 있는 가능성 반! 이것이 정확하게 보장된 환경에서 사랑을 선택했을 때의 사랑이 진정성 있는 사랑이 됩니다!"

"마치 밀이 싹을 틔우기 위해서는 흙에 묻혀 있어야 하며, 적당한 습기와 적당한 온도가 될 때 싹이 나는 것과 같다는 말씀 같아요!"

"네! 우리 4차원 아내님! 좋은 말씀해 주셨어요! 만일 상대와 내가 반목할 수 있는 가능성이 49%이고 사랑할 수 있는 가능성이 51%인 조건에서 사랑을 택했다면 그 사랑은 불완전한 조건에서 시작한 사랑입니다. 그 사랑은 1% 기울어진 사랑이 될 것입니다. 반대로 불복종할 수 있는 가능성이 51%이고 순종할 수 있는 가능성이 49%인 상황에서 내가 불복종했다면, 나의 불복종에 대한 징벌은 불공정합니다. 불복종 쪽으로 1%가 더 기울어 있었거든요! 그만큼 억울하다고 말 할 수 있습니다!"

"교수님 말씀 이해가 됩니다! 지금 전능자가 해야 하는 일은 사람들이 사랑과 사랑 아닌 것을 택할 확률을 정확하게 50대 50인 환경으로 만들어놓는 일을 할 거라는 말씀이시지요?"

"맞습니다!"

사람들은 지각과 이성과 감성을 가지고 있으면서 존재를 인식한다. 세상에 있는 모든 것들을 바라보고 인지하고 경험한다. 이 가운데 존재의 근원이 전능자라고 인식할 수도 있고, 꼭 원인이 있어야 하는 것은 아니라는 즉, '저절로' 되어졌다고 판단할 수도 있고, 아니면 '그것은 알 수 없는 일이다'라고 결론을 낼 수도 있다.

만일 전능자가 사람들이 처한 환경을 전능자 쪽으로 유리하도록 즉, 더 많은 사람들이 전능자를 사랑하도록 아전인수 격으로 세상 환경을 만든다면, 거기서 발아한 사랑은 그만큼 완전성이 결여될 수밖에 없다. 당초에 전능자가 기대한 사랑은 완벽한 것이었다. 모든 것을 할 수 있는 전능자가 자기의 전능함으로써 더 많은 이들이 전능자를 사랑하도록 유도했다면 그것은 사랑이 아니라, 조건반사가 된다. 전능자가 하는 일은 지금도 사람들의 선택 환경이 정확한 균형을 유지하도록 하는 것이다.

"교수님! 지금 이런 의문이 번쩍 스쳤어요. 흑사병, 리스본 대지진, 홀로코스트, 세월호 이런 사건들이 그 환경에 영향을 미치지 않나요? 그런 굵직한 사건이 일어남으로써 전능자 쪽으로 기운다든지, 아니면 오히려 전능자로부터 멀어진다든지 하면 균형이 깨어지는 것 아닌가요?"

"오! 놀라워요! 붕어빵 손님이 뜸해지니 비로소 남편님의 예지가 빛나기 시작합니다! 붕어빵 굽는 일이 남편님의 사색과 논리적 추론에 불리했었어요! 그러나 이제 그렇지 않아요!"

"자기! 축하해!"
"아무려면 이쯤도 안 될까? 내가 이래봬도 우리 집 가장이잖아!"
 분명히 페스트, 대지진, 대학살 사건이나 자연재해 등은 사람들의 생각에 커다란 영향을 미친다. 그 중에서 '전능자'에 대해 일단은 관심을 끌게 한다. 긍정적 관심이 되었든 부정적 관심이 되었든지 말이다.
 아마도 전능자는 이런 사건들 속에서도 균형의 추가 어느 한 쪽으로 치우치지 않도록 하는 역할을 하고 있을 것이다. 사람들의 종교 현상에 대한 조사에서 어느 지역에서 전쟁을 치르고 나면 그 지역 사람들이 더 종교적이 되는 성향을 드러낸다. 이때 종교적 성향을 가진다는 것이 꼭 전능자에 대한 관심 하나로만 드러난다면 이는 전능자의 '조작' 곧, 자기 쪽을 향하도록 했다고 폄훼할 수도 있다. 그러니 이때의 종교적 관심은 분산되어야 한다. 전능자뿐 아니라, 고대인들이 섬겼던 '전쟁의 신' 혹은 '평화의 신' 등으로 골고루 나뉘어야 한다. 진능자는 이 짐도 능히 알고 있을 것이며, 쏠림이 없도록 조정할 것이다.
 "그런데요! 교수님! 만일 균형을 이루고 있다는 것을 전능자 단독으로 결정한다면 그것도 문제 아닐까요? 물론 전능자는 전지자이기도 하기 때문에 모든 것을 다 안다고 하지만, 아무래도 전능자가 처음 시작한 '사랑하고 사랑받기'에서 자칫 기울 수도 있지 않을까요? 왜냐면요, 전능하다는 개념 속에는 꼭 공평한 전능함 뿐 아니라 불공평한 전능도 포함되어 있다고 보아야 하기 때문입니다!"
 "맞아요! 우리가 흔히 '전능하다' 그러면, 보통의 인간들은 할 수 없는 초능력이나 초법적 초자연적 초 윤리적인 것들만 상상하기 쉬워요! 그러나 '전능'의 개념에는 낙심하고 초조해하고, 후회하고, 심지어 실패하는, 말하자면 '하다'는 동사가 붙는 모든 것은 다 하는 개념이거든요! 전능자를 감시하는 기능도 우리는 말할 수 있어야 합니다!"

"전능자의 판단에 이의를 제기하는 존재가 있어야 한다는 말씀으로 들립니다! 교수님!"

"상상 가능하다고 봐요! 또 그래야 되지 않을까 생각해요! 전능자의 곁에는 '그것은 그렇지 않습니다'라고 말할 수 있는 존재가 있어야 됩니다. 나는 그런 역할을 '참소'라고 정의하고 싶어요!"

"참소요? 조금 생소한데요? 교수님!"

"남편님도 '참소'라는 말이 생경하게 느껴져요?"

"그렇지는 않지만, 딱 집어서 설명하라고 하면 얼른 말이 안 나오는 그런 것 같아요!"

"얼마 전 저하고 여기서 만났던 '영감마님' 기억나요?"

"그럼요! 교수님! 여자 검사분 말씀이잖아요?"

"맞아요! 검사의 역할이 바로 참소입니다!"

"오! 맞다! 검사의 역할이 '이 사람은 국가에 충성하지 않고 있습니다'라고 소송을 제기하는 역할을 하지요! '이 사람은 국가가 유지되기 위한 질서에 반했으니 형벌을 내려 주기를 참소합니다!' 이렇게 되네요, 교수님!"

"우리 붕어빵 포장마차가 무르익을 대로 무르익었어요! '툭 하면 호박 떨어지는 소리!' 이 경지에 도달했어요! 우리 세 사람 모두!"

"그러고 보니, 검사! 그 직업, 매력적이지 않네요, 남들 잘못한 것을 캐고 다니는 직업! 그런데 붕어빵 장사보다 훨씬 더 벌고, 사회적 지위도 비교 안될 만큼 높고, 머리 좋은 상위 1~3%의 사람들이 가질 수 있는 공직이라는 것이 아이러니하게 보입니다!"

"자기 지금 사시 패스하고 판검사 된 대학 동기들 시샘하는구나?"

"에이~ 그건 아니지! 자기야!"

전능자는 이 점에서 분명히 참소자를 두었다고 보아야 한다. 자기 스스로의 균형을 위해서도 그렇고, 사람들 중에서 '나는 전능자를 알고, 전능자를 사랑한다'고 말하는 자들의 진정성에 대한 최소한의 검증을 위해서도 참소자는 필요하다. 당초에 전능자가 '자기도 들지 못하는 바위를 들겠다'고 결정했기 때문이기도 하다. 전능자가 자기가 능히 할 수 있는 범위 내에서만 하겠다면 참소가 굳이 필요 없겠지만, 전능자는 모험에 도전했다. 그러니 전능자의 모험을 객관적으로 보고 시시비비를 가리는 데에 참소자가 필요하다.

참소자는 '지금 환경은 사람들이 전능자를 사랑하는 쪽으로 기울어져 있다'고 전능자에게 지적한다. 또한 전능자에게 사랑을 고백한 이들의 진정성에 대하여, '그것은 그 사람의 조건에서 비롯했지, 순수한 마음에서 시작된 게 아니다'라고 끊임없이 주청을 한다. 그리고 참소자는 전능자에게 사랑을 고백한 자들에게 접근하여 '너의 그 사랑은 진짜가 아니다'라고 트집을 잡으면서 시험을 한다.

"교수님! 참소자의 참소에는 또한 변호자의 변론이 따릅니다!"

"참 좋은 지적이에요! 참소자의 주장에 맞서서 두둔해 주는 역할도 있어야지요!"

"전능자를 두둔해 주는 역할입니까?"

"전능자를 두둔할 뿐 아니라, 전능자를 사랑한다고 고백하는 이들의 편에 서서 그들을 지지해 주고 북돋워주는 변론도 있어야겠지요!"

"교수님! 전능자의 '사랑받기' 프로젝트는 대단히 촘촘하고 복잡한 짜임을 갖추고 있어요! 그 전능자의 프로젝트의 모습이 또한 사람들 속에서 유형으로 드러나기도 하고요!"

"그것을 우리가 '유비'로 불러보자고 했었지요?"
"네!"
"네!"

〈고리원전을 덮치는 쓰나미 가상모습〉
너울이라고도 불리는 쓰나미는 인류에게 뜻하지 않은 재앙을 가져다 준다.

22. 악한 자의 형통, 착한 자의 고난

"교수님! 엊그제 TV를 보는데, 출연자 중 한 사람이 신장의 기능이 90% 이상 나빠져서, 주기적으로 투석을 하든지, 아니면 신장이식을 받든지 해야 할 지경에 이르렀다며 하는 말이 '지금까지 착하게 살아왔는데 왜 나한테 이 병이 오냐?' 하면서 괴로워하는 거예요!"

"그 프로그램 나도 봤어요! 그 방송을 보고 수십 년 동안 연락 없이 살았던 친형이 자기 동생에게 신장을 이식해 주겠다고 제의하고, 그래서 만나게 되는 거였잖아요?"

"호호호! 맞아요, 교수님도 보셨구나! 교수님도 그런 방송 보세요?"

"채널을 이리저리 돌리다가 마음에 와 닿는 게 있으면 멈추고 볼 때가 있어요!"

"그 출연자가 '지금까지 착하게 살아왔는데 왜?' 하는 대목에서 교수님이 생각났어요!"

"고마워요! TV보다가 나를 생각했다니, 이렇게 고마울 데가!"

"지금 우리 붕어빵 포장마차 전능자 담론의 주제에 해당하는 거잖아요, 그래서 남편과 함께 한참 의견을 주고받았어요!"

신장이 급격히 나빠져 이식을 받아야 되는 상황에서 그 출연자는 왜

'나는 착하게 살아왔다'고 말할까?

그 출연자가 평소에 존재의 근원에 대한 관점이, '저절로,' '누군가,' '알 수 없다,' '관심 없다' 넷 중에 어디 속해 있는지 모르지만, 자신이 '착하게 살았다'는 주장은 결국 '전능자'에 대한 하소연이다.

사람들은 누구나 착하게 살면 행복하고 악하게 살면 불행하다는 생각을 은연중 한다. 그럼에도 세상이 꼭 그렇지만은 않다. 이는 전능자 담론과 밀접한 관련이 있는 주제로서 '악한 자가 형통하고 착한 자가 고난 받는 세상'의 불균형의 문제다. 부부가 이런 주제로 대화를 나누기는 처음이라고 말하는 남편의 말을 들으면서 내가 물었다.

"악인의 형통과 의인의 고난을 가까이에서 본 적 있어요?"

"글쎄요, 아직은 젊어서 그런지, 절실하게 느껴본 적은 없습니다. 그러나 엊그제 TV를 보면서 아내와 대화할 때, 독립운동을 하면 3대가 망하고, 친일하면 3대가 흥한다는 말이 바로 그런 사례가 아닐까, 또 유전무죄, 무전유죄라든가, 이런 사회적 불균형의 문제를 거론했었습니다!"

"두 분이 모두 전능자 담론의 당당한 패널리스트가 되셨습니다. 축하해요!"

"부끄럽습니다. 교수님!"

"교수님, 말이 나온 김에 그 주제를 다뤄주세요! 악인형통 의인고통"

"그럴까요?"

다 그런 것은 아니지만, 간혹 세간에 보면 악한이 대박을 터뜨리고 착하디착한 사람은 늘 쪽박을 차는 현실을 목도하게 된다. 이것은 전능자의 존재를 부인하는 측에서 즐겨하는 질문거리이다.

'전능자가 있다면, 어찌 악인이 형통하고 의인이 고통을 받느냐?'

전능자를 옹호하던 입장에 선 사람들은 이 질문 앞에서 주춤거린다.

얼른 맞받아칠 논리가 궁색하다. 마치 '전능자는 자기가 들 수 없는 바위를 만들 수 있느냐?'는 질문 앞에서 당황하는 것과 같다.

"이렇게 질문하는 사람들에게 되짚어 질문할 게 있어요!"

"뭔대요, 교수님?"

"악한만큼 벌 받고, 착한만큼 복 받는 사회가 어떤 사회인지 생각해 봤느냐?"

"그래야 좋은 사회 아닌가요? 이를테면 '정의사회 구현?'"

"정치적 관점에서 정의사회를 생각하지 말고요, 전능자 담론 차원에서 생각해 봅시다!"

"네!"

"네!"

전능자가 자기의 전능함으로 사람이 사는 사회를 악한 만큼 벌을 받도록 하고, 착한 만큼 복을 받도록 했다고 가정해 보자.

어떤 현상이 생길까?

그때부터 사람들의 관심은 누가 얼마만큼 악하고, 누가 얼마만큼 착한지로 집중될 것이다. 그리고 경쟁적으로 더 착하게 살려고 노력할 것이다. 왜냐면 착한 만큼의 복이 주어지기 때문이다. 만약 나보다 덜 착한 사람이 더 많은 복을 누리는 것을 본다면, 당장에 항의할 것이다.

"저 사람은 나보다 덜 착한데, 더 큰 것을 받았습니다!"

"그렇게 되겠지요!"

그때부터 전능자는 사람들의 선함과 악함을 저울질하여 저울추가 기우는 만큼의 복을 나누어 주는 일을 해야 한다. 그리고 사람들의 관심은 온통 선과 악에 대한 주제로 쏠리게 된다. 창의성이나 획기적인 발상이나 다른 사람들이 미처 생각해내지 못한 콘텐츠 개발은 휴지통에 들어간다. 오로지 선한 만큼의 복을 누리는 사회가 되어간다. 사람들이 가진 '자유의지'의 다양성을 상실하게 되고 선과 악에 대한 줄 세우기에 모든 역량을 집중한다.

그때 마침 훤칠하게 큰 키의 소년 한 명이 포장마차 안으로 들어왔다.

"붕어빵 2천 원어치 주세요!"

얼른 보기에 고등학생인지 중학생인지 가늠할 수가 없다.

"너, 몇 학년이냐?"

내가 물어봤다.

"1학년이요!"

"고등학교?"

"아니요!"

"그럼?"

"중학교요!"

"중 1이야?

근데 아저씨보다 더 크다! 키가 몇 센치냐?"

"179요!"

"너 참 잘 생겼다. 장동건이 닮았는데!"

"…"

봉지에 담긴 붕어빵 봉투를 받아들고 녀석은 쏜살같이 달아난다.

"저 녀석을 보니 생각났네! 사람들이 왜 악한 사람이 잘 되느냐는 질문에 전능자가 응답하여, 악인의 형통을 금지시켜주면, 그 다음으로 사람들은 '전능자여 나는 왜 장동건이나 김태희처럼 생기지 않았나요?'

이 질문이 이어질지도 모를 겁니다!"

"어머나! 그럴 수 있겠어요!"

"그러면, 전능자는 모든 사람을 태어나면서부터 조각미남으로, '여신'의 외모로 해 주게 되는 건가요?"

"그러지 않고는 불만을 잠재우지 못할 겁니다. 오늘날 성형 열풍을 보세요!"

"호호호! 교수님, 그러면 마치 이 붕어빵틀이 구워내는 붕어빵처럼 사람들이 태어나면서부터 다 똑같아질 수도 있겠어요!"

"그럴지도 모를 일입니다. 그렇게 되지 않고는 사람들의 불평불만을 잠재울 수 없지요! 또 이런 불평도 나올 겁니다!"

"어떤…"

"왜 미국은 잘 살고 우리는 못 삽니까?
미국이 우리보다 선한가요?"

"와우! 이거 점점 심각해지는데요?
그렇지 자기야!"

미국이 한국보다 더 선하다는 객관적 증거는 없다. 그럼에도 미국이 한국보다 잘 살면서 강대국으로서 여러 가지 권한을 더 행사하고 있다. 전능자는 이 불평에도 응답해야 할 것이다. 또 한국이 아프리카의 빈국들보다 더 선하다고 할 수 없다. 그럼에도 한국이 아프리카의 여러 나라들보다 훨씬 더 잘 살고 있다. 전능자는 이 문제도 해결해 주어야 한다. 전능자가 여기서 기준으로 삼아야 할 것은 '어떤 나라가 더 선하고, 더 악하냐?' 이것 하나다.

사람들이 가진 모든 지식과 사고력은 전능자가 선과 악에 따른 공평한 배분을 하고 있는가에 집중될 것이다. 전능자는 모든 이들이 수긍하도록 조정해야 한다. 결국 사람들의 '자유의지'는 다양성을 잃어가고, 획일화 되어갈 것이다. 사고력뿐 아니라 외모 역시 동일해져야 한다. 흑인

백인의 구분이 있어서도 안 된다. 키가 크고 작음도 있을 수 없다. 능력의 차이가 있어서도 안 된다. 국가 간의 소득 격차가 있어서도 안 된다. 왜냐면 이런 현실에서 굳이 악을 행사하는 바보스러운 나라, 바보 같은 사람이 점점 줄어들 터이니 말이다.

"어머! 교수님! 지금 우리가 지나치게 논리적 비약을 하고 있는 것은 아닌가요?"

"아니다, 자기야! 곰곰 생각해 보니, 교수님 말씀에 일리가 있는 것 같아! 선악의 분량이 행복의 분량이어야 한다면 굳이 사람의 개성이 쓸데없고, 창의력이나 뛰어난 두뇌도 결국은 평준화 되고 말거야!"

"교수님의 말씀과 자기의 논리가 맞다면, 세계 모든 나라 사람들은 결국 개미처럼, 꿀벌처럼 된다는 뜻이잖아?"

외모를 조금만 다르게 만들어줘도 더 잘생긴 사람을 보면서 불평을 하고, 능력에 조금만 차이를 두어도 불평을 할 터이다. 국가 간에도 어떤 차별도 둘 수 없다. 선하고 악함에 차이가 없다면 모두 똑같게 해 주어야 한다. 결국은 개미나 일벌처럼 사람의 모습도 획일화되고 능력은 균등하게 될 것이며 사람들이 누리는 것도, 한국의 개미와 아프리카의 개미가 그러하듯이, 똑같아 질 것이다.

"끔찍해요! 교수님!"

전능자가 사람을 만들 때 '자유의지'를 보장하는 순간부터 개인차는 필수적이 된다. 각자의 두뇌와 생각과 발상으로 사회를 바라보고 이해하고 체득하면서 상황에 알맞게 자기의 이익을 추구하는 사회가 자유의지를 지닌 인간들이 사는 사회다. 이 사회에서는 똑같은 제품을 만들어도 어떤 지역에서는 폭리가 가능하고, 어떤 지역에서는 원가도 못 건지고 '눈물의 땡 처리'를 해야만 한다.

전능자는 사람이 사는 사회를 이렇게 각 사람의 자유의지가 총합적으로 드러나는 스펙트럼으로 펼쳐주어야 한다. 이는 불가피하게 악인이 형통할 수도 있어야 하고, 선인이 고통을 당하는 것도 피해갈 수 없다. 이것이 전능자가 멍석을 깔아준 이 세상이다.

"그러면요, 악한 자가 형통해도 불평하지 말아야 한다는 것인데, 모순이지 않나요?"

"아내님의 걱정이 이해가 돼요, 전능자는 이러한 텃밭에서 사람들에게 '그럼에도 사랑하겠느냐?'고 묻고 있다고 봐야 할 거예요!"

"호호호! 밀밭, 보리밭 얘기 생각나요! '흙 속에 밀을 묻지 않고는 싹을 틔울 수 없다!'"

"그렇지요, 역시 아내님의 짜임새 있는 생각의 폭은 4차원이 맞지 싶어요!"

"고마워요, 교수님!"

"교수님의 전능자 변론 스타일을 알겠어요! 전능자의 존재를 무시하려는 여러 질문들, 예를 들어 왜 악한 자가 더 잘되느냐, 또 전능자는 자기가 들 수 없는 바위를 만들 수 있느냐, 이런 질문을 받고 한 번 더 질문해 보자는 스타일 같아요!"

"남편님이 예리하게 보셨어요! 전능자를 무시하는 사람들의 질문에 대하여, '그래, 그렇게 된다면 어떤 현상이 벌어지는데?'라고 되물을 때 의외로 쉽게 해답이 나올 수 있어요!"

"네 말대로 악한 자가 형통하지 못하고 오직 선한 자라야 형통하는 세상이 왔다 치자, 그 세상이 어떤 세상인지 깊이 생각해 봤느냐? 이렇게 질문해 보라는 거지요, 교수님!"

"참 지당합니다! 어때요? 우리가 붕어빵 포장마차 담론을 시작할 때 여러 가지 전제에 대하여 동의가 되지 않더라도 일단 깊은 우물 속에 내려가 보는 셈치고 동의 한 다음에 전능자 담론을 해 보자 했던 일 기억나지요?"

"네, 기억나요!"

"지금에 와서 되돌아보니 어때요?"

"그렇게 해 보기를 잘했다고 생각돼요!"

"시장 좌판에서 파는 '광택 약' 생각 안 나요?"

"나요!"

"헐!"

"솔직한 거 좋아합니다! 지금은 그럴 거예요! 집에 가서 녹이 슨 그릇 꺼내서 다시 한 번 닦아보세요! 광이 나는지 안 나는지!"

"알겠어요, 교수님!"

"광이 나야 할 텐데! 그렇지 자기야!"

---

1 반론에 대하여 "그래, 그 말이 맞다 치자" 이렇게 시작하여 참을 가리는 논리적 접근법을 '귀류법'이라 한다. 어떤 명제가 참임을 증명하는 대신, 그 부정 명제가 참이라고 가정하여 그것의 불합리성을 증명함으로써 본디의 명제가 참인 것을 보이는 간접 증명법이다.

23. 전능자의 자기 분립

 겨울도 끝자락이다. 아직 훈풍이 불지는 않았지만 강추위는 물러갔고, 성질 급한 사람들은 지금 추위는 꽃샘추위라고 우기면서 참으라고 한다. 지난 한 겨울 붕어빵 포장마차에서 뜻밖에도 젊은 부부를 만났고, 그들이 자녀를 낳지 않을 계획이라는 한 마디에 전능자 담론이 시작되어 겨울과 너불어 깊어져왔다. 이제는 마무리를 생각해야 한다.
 진행상 마무리를 해야 한다는 조바심은 쓸데없는 일인지도 모른다. 만일 붕어빵 포장마차 젊은 부부가 오늘이라도 포장을 걷고 다른 일을 시작한다든지 하면 여기서 멈출 수밖에 없기 때문이다. 그럼에도 뭔가 결론을 내야 한다는 생각에 그동안 붕어빵을 핑계 삼아 젊은 부부와 만나 대화 나누기를 해 온 일에 대한 가치 매기기를 해 본다.
 지난겨울 그들과 나눈 '전능자 담론'이 과연 어떤 가치가 있는 일이었을까?
 의미를 찾아내기 이전에 '공연한 짓 한 것은 아닐까?'
 이런 의심이 먼저 손짓을 한다. 늘 이렇다. 부정적인 것들이 항상 선봉에 선다. 그때마다 나는 부정적 평가를 애써 떨쳐내곤 하면서 인생의 황혼기를 맞이하고 있다.

그러나 돌아보면, 젊고 패기도 있고, 깊은 사념도 할 줄 아는 부부를 만났다는 것부터 의미있는 만남이었다. 담론을 이어오면서 나는 내 주장만을 하려는 태도를 지극히 경계하려고 애 썼다. 오히려 젊음의 예리함에 맡겨보면서 그들의 생각을 따라가 보자는 생각도 여러 번 했다. 그렇다면 세 사람의 그동안의 담론에 의미가 전혀 없지는 않을 것이다.

늘 이렇게 부정과 긍정의 자기 점검을 하는 것이 사색하는 사람들의 특징이다. 내 안에 또 다른 내가 있어서 때로는 주저앉히기도 하고, 때로는 추동력을 주어 깃대를 향하여 달리게도 했다.

"남편님!"

"예, 교수님!"

"이제 곧 봄이 오는데, 심란하지요?"

"예 조금요!"

"뭘 해야 할지 결론내기 어렵지요?"

"네, 그렇습니다. 교수님!"

"결정하기 가장 어렵게 하는 요인이 뭐라고 생각돼요?"

"미래에 대한 불투명성이 아니겠습니까? 이걸 했을 때 장차 어떤 결과가 나올지 예측하기 어렵기 때문인 것 같습니다. 결과가 확실하게 보인다면 쉽게 결론이 나올 테지만, 그렇지 않아서 결정하기가 힘듭니다! 교수님!"

"그럴 거예요! 사람은 한 치 앞을 내다볼 수 없는 존재니까요!"

"맞습니다!"

"그런데, 이 길이냐 저 길이냐 결정할 때 가장 큰 걸림돌은 내 안에 있는 '나'가 아닐까요?"

"어떤 말씀이신지…"

"예컨대, 나는 이것을 하고 싶어서 한 동안 자료를 조사하고 전망을 하다가도, 내 속에서 '에이, 그건 잘 안 될 거야!' 하고 뒷다리를 거는 녀석 말입니다!"

"하하하! 교수님, 재미있어요! 그 말씀이 맞아요! 내 안의 갈등이 사실은 한 가지로 결론을 내리는데 있어서 가장 방해꾼이지요! 이건 이래서 안 될 것 같다, 저건 저래서 안 될 것 같다. 딴 거 찾아봐라! 또 굳이 그걸 해야 하느냐? 이런 녀석도 제 안에 있어요!"

내 속엔 내가 너무도 많아
당신이 쉴 곳 없네
내 속엔 헛된 바람들로
당신이 편할 곳 없네
내 속엔 내가 어쩔수 없는 어둠
당신에 쉴 자리를 뺏고
내 속엔 내가 이길 수 없는 슬픔
무성한 가시나무 숲 같네

바람만 불면 그 매마른 가지 서로
부대끼며 울어대고
쉴 곳을 찾아 지쳐 날아온
어린 새들도 가시에 찔려 날아가고
바람만 불면 외롭고 또 괴로워
슬픈 노래를 부르던 날이 많았는데

내 속엔 내가 너무도 많아서 당신은 쉴 곳 없네 [1]

"내 안에 있는 '다중인격들'이 모두 만장일치가 되어야 결정이 나겠지요?"

"네, 결론을 내긴 내야 하는데, 걱정이 됩니다!"

"남편님! 우리가 지난겨울 내내 '전능자 담론'을 이어 왔는데, 전능자는 자기 안의 다중적 인격으로 인한 고민이 없었을까요?"

"음…, 글쎄요?

전능자는 전능한데, 그런 갈등이 있었을까요?"

"'갈등하다' 갈등도 '하다'가 따라붙는 동사잖아요?"

"그렇습니다. 교수님!"

"'하다'가 붙는 모든 일들을 다 하는 존재가 전능자라고 우리가 이미 결론 낸 적 있으니, 전능자도 갈등도 하고 치열한 내면적 다툼도 한다고 해야 맞을 겁니다. 단지 전능자는 전지자이기도 하니까, 그 부분에 있어서도 가장 합리적이고, 가장 좋은 결론이 어떤 것인지 알기 때문에 사람들보다 실수하는 일이 적을 거라고 봐요! '실수'에도 '하다'가 붙으니까, 전능자는 실수도 한다고 해야 맞겠지요?"

"그렇게 되네요! 교수님! 그런데 우리가 이렇게 포장마차 안에서 전능자를 그렇게까지 낮게 평가해도 될지 모르겠습니다! 지난겨울 교수님 만나서 담론하면서 저의 개념 속에 있는 전능자가 멀리 있다가 가까워졌어요! 교수님께서 '전능'의 개념을 '하다'는 말이 붙는 모든 동사를 다 할 수 있는 전능자로 정의해 주셔서 그렇게 되었습니다."

---

[1] 하덕규 작사작곡 '가시나무새,' 시인과 촌장이 부른 노래, 이후 몇몇 가수들이 리메이크했다.

"우리가 전능자를 우월한 존재만으로 인식하기보다는 '전능'이라는 단어가 의미하는 바 모든 것을 다 동원하여 전능자를 이해하고 설명한다고 해서 전능자를 폄훼하는 것은 아닐 거라고 봐요! 모든 것을 하면서 모든 것을 알기 때문에 복잡한 사안을 종합하는 데 있어서는 우월하다고 이해하는 편이 좋을 겁니다.

그래서 '사랑하고 사랑받기' 아이템으로 승부를 걸 수 있지 않았을까요?"

"그렇습니다. 교수님! 그런데, 전능자의 자기 분열, 분열이라는 말이 적합한지 모르겠지만, 전능자의 다중인격? 혹시 이런 관점에서 논의된 것들도 있나요?"

"전능자를 떠받드는 입장에 있는 신학자나 종교가들은 펄쩍 뛸 수도 있겠으나, 우리 붕어빵 포장마차 전능자 담론에서는 기독교 사상 중에서 삼위일체가 그런 유의 것일 수도 있다고 말할 수 있지 않을까요?"

"삼위일체면, 셋이면서 하나다! 이런 거지요?"

"그렇습니다. 그리고 아까 전능자의 자기 '분열'이라고 했던가요?"

"네!"

"지금 생각 난 건데, 분열보다는 분립이라는 표현이 어때요?"

"네, 교수님, 좋으네요! 그리고 '분립'하니까 입법, 사법, 행정! 삼권분립이 연상됩니다!"

"오! 그래요! 국가도 효율적인 운영을 위해서 셋으로 분립하여 민주주의가 지탱됩니다. 참 신기하지요?"

"맞습니다, 교수님! 그러면 입헌주의 국가들의 삼권분립은 전능자의 자기 분립 즉, 삼위일체의 유비로 보아도 무리가 아닐 듯합니다!"

"남편님이 이제 신학자, 철학자가 다 되었습니다!"

"아니에요, 교수님!"

"국가도 그렇고, 전능자도 그렇고요, 개인도 자기 안에 복수의 인격체가 존립하면서 결론을 도출합니다! 이것은 마치 남편님이 지금 좋은 직장을, 가정을 위해서 내던지고 뭔가 새로운 것을 위한 결정을 해야 하는데, '그건 안 돼'라고 부정적인 주장을 하는 마음 밑바닥의 어떤 존재, '그래도 해 봐야 돼' 혹은 '그럭저럭 아내에 얹혀살지 뭐?' 하는 마음들이 결단을 방해하는 듯하지만 결국은 결론을 향합니다!"

"그렇습니다. 교수님!"

"그러나 전능자는 전지자이니까 모든 것을 합하여 좋은 결론으로 이끌 수 있다고 봐야 합니다. 우리 셋이 시작할 때 합의했던 전능자의 '사랑 프로젝트'도 그래서 나올 수 있었지요!"

"이해할 수 있겠어요!"

"남편님이 아내의 직장을 존중해 주기 위하여 자기 직장을 포기하고 가정을 유지하면서 지금 환경에서 할 수 있는 적합한 어떤 것을 찾아내야 하는데, 전능자가 찾아낸 '사랑 프로젝트'에 버금가는 결론이 있기를 바랍니다!"

"고마워요! 교수님!"

"근데, 참, 오늘 아내님은 무슨 일 있나요? 아직도 안 나오시네?"

"아내가 직장에서 골치 아픈 일이 있나 봐요! 조금 힘들어 합니다!"

"'아글쿤!' 그런데 나는 몰랐네?"

"아내가 힘들어하는 것도 바로 오늘 교수님과 이야기한 것과 비슷해요!"

"그래요?"

"직장에서 힘든 일이 생기니까, 제가 직장에 사표 낼 때, 그때 자기가 사표를 냈어야 맞다는 말까지 하더라고요!"
"하하하! 자기 안에 있는 또 다른 자기! 그들끼리 싸움이 붙었네요!"
"맞아요! 교수님!"
"전능자처럼 좋은 결정 내리기를 바래요!"
"고맙습니다!"

24. 전능자를 사랑한 자, 사랑하지 않은 자

"오늘 마침 다 계시네?"
"네, 교수님 어서 오세요! 지난 번 제가 못 나와서 죄송해요!"
"아니, 괜찮아요! 산다는 것이 다 그런 건데요, 뭐!"
"산다는 것을 저희는 아직은 잘 몰라요, 교수님!"
"걱정해 주셨다는 말씀 듣고 고마웠어요, 교수님! 덕택에 잘 해결될 기미가 보이니까, 오늘 전능자 담론 열심히 해 보고 싶어요!"
"오~ 역시 우리 아내님 '짱'입니다!"
"교수님! 이 문제는 어떨까요?"

붕어빵틀 돌리기를 잠시 멈추고 남편이 진지한 얼굴이 되어서 묻는다.

"사람들 중에서 전능자를 사랑한 자, 사랑하지 않은 자에 대한 구별 말입니다. 교수님을 만나서 지난겨울 저희 붕어빵 포장마차가 '전능자 담론'이 이어져 왔습니다. 그런데 이제 남은 것이 있습니다. 과연 이 세상에 있는 사람들 중에는 전능자를 인지하고 전능자의 한 일을 인정하고 전능자에 대한 합당한 예우로서 전능자를 사랑하는 사람이 있는가 하면, 태어나서 죽을 때까지 전능자에 대한 아무런 개념도 없이 사는 사람도 많습니다. 양자 간에는 어떤 차이가 있는지, 전능자를 앎에 대한 유익 혹은 불리함이라든가, 전능자와의 최종적인 해후에 대한 기대는 무엇인지 등등의 과제가 남게 된 것 같습니다."

"그렇지요! 우리가 마무리를 잘 하는 것이 중요하지요! 아무리 훌륭한 토론을 했더라도 끝이 흐지부지하면 처음부터 아니함만 못합니다.

우리 아내님께서도 이 문제에 대한 '촉'을 느끼고 계셨던가요?"

"교수님! 저는 촉이라기보다는 전능자 담론이 이어지는 내내, 전능자를 알고 전능자에 대한 예우를 하는 사람들은 어떤 사람들일까? 좀 더 솔직하게 말씀드리자면 기독교인들을 지칭하는 거겠지요! 교수님께서는 그동안 '서로의 신분이 모두 드러나면 실존적 삶의 행실에 대한 부담' 때문에 오직 토론을 위해 그런 부분은 너무 알려고 하지 말자고 말씀하셔서 더 묻지는 않았지만 교수님이 혹시 목사님이나 신부님은 아닐까 추측을 해 보기도 했어요! 그리고 결국은 저희 부부가 기독교 신사가 되기를 원하시는 것은 아닌지 '의심' 아닌 의심을 해 보기도 했어요! 호호!"

"저도 아내님의 얼굴 표정에서 그런 마음을 능히 읽어낼 수 있었어요! 그러나 시작처럼 끝도 그렇게 했으면 좋겠다는 것이 저의 생각이고요! 우리가 시작한 붕어빵 포장마차의 전능자 담론이 유종의 미를 거두었으면 좋겠다는 생각입니다!"

"교수님! 그래도 이렇게 자주 뵈면서 이야기를 나누었는데, 여기서 헤어진다는 것은 조금 섭섭함이 있어요! 나중에라도 뵐 수 있었으면 하는 마음도 없지 않습니다. 저희들이 고맙게 생각하는 부분도 적지 않고요!"

"암튼, 전능자를 깨닫고 존재의 근원을 전능자로 귀결시키는 사람과 그렇지 않은 사람과의 구분은 해야 되겠지요?"

"네!"

"네!"

　인간으로서 의식하는 '있는 모든 것들' 즉 존재의 시작에 대한 의심은 인류 역사의 시작과 동시에 출발했을 것임은 틀림없다.

　해 달 별, 산과 바다 강, 사계절과 기후 등 모든 존재 이유를 무엇이라고 정의하고 삶을 살 것인가?

　굳이 있는 것들에 대하여 근원을 밝히려는 의도를 의심하는 사람들로부터 점진적인 변화 혹은 진화라고 주장하는 사람들, 불가지론자들, 이도 저도 관심 없이 하루하루 살기 바쁜 사람들, 이 모든 사람들은 결국은 둘로 나뉘어진다.

　존재에는 원인이 있다고 믿는 사람, 원인 없이 저절로 시작했다고 믿는 사람들! 그런데 지금 붕어빵 포장마차 안에서는 양자 간의 차이점이 무엇이며, 여기서 유익 혹은 유해의 문제가 있을까에 대한 것에 이르렀다.

　지금까지 진행되어 온 붕어빵 포장마차 담론은 모든 존재는 원인이 있으며 시작이 있다. 그 시작을 전능자가 했다. 전능자는 나중에 사고력을 겸비한 존재들로부터 '전능자는 자기가 들 수 없는 바위도 만들 수 있느냐?'는 질문까지 예상했다. 전능자는 여기서 의미 없는 바위를 만들어 놓고 전능자의 자리에서 무력하게 내려오는 것보다는 의미 있는 바위를 만들기로 했다. 그 바위가 어떤 대상들로부터 '사랑 받는 일'이다.

　붕어빵 포장마차 전능자 담론에서는 이 세상의 모든 현상에 대한 설명을 전능자의 이러한 모험 즉, 전능자의 프로젝트로서 설명할 수 있다고 보고 대표적인 몇 가지 현안들을 설정하여 설명을 시도했다. 그 중에는 악과 고난의 문제 앞에서 대부분의 사람들은 "왜 하필 나냐?"는 질문을 던지는데, 이 질문은 이유여하를 불문하고 '전능자'를 향한다. 만일 이 세상의 모든 사람들이 악과 고통의 문제에 직면할 수밖에 없다면, 그리고 그때 "왜 하필 나냐?"고 질문한다면 이들 모두는 전능자를 의식하고 있음을 부인하지 못하는 존재임을 자인해야 한다.

전능자 담론은 이렇게 방향을 설정하면서 인간은 전능자를 외면할 수 없는 존재로 바라본다. 그리고 전능자는 '사랑받기' 위해 자신을 은닉하면서 인간들에게 신이 될 수 밖에 없었다고 해석하고, 또한 자기만을 신의 범주에 두지 않고 다양한 신들을 설정하여 '사랑'을 위한 선택의 과정을 만들어뒀다. 그러나 분명한 것은 전능자만이 유일무이한 '실재'라는 사실이다.

사람들은 전능자를 인지하고 그에게 사랑을 고백하거나 혹은 전능자가 아닌 다른 신을 수용할 수도 있다.

현실이 이러함에도 전능자는 자기가 아닌 다른 신을 선택한 이들을 책망할 수 있을까?

인간들의 사고 구조로서 볼 때 전능자는 자신을 선택하지 않았다고 징벌한다는 것은 받아들일 수 없는 것처럼 보인다.

그러나 만일 전능자가 아닌 다른 신을 선택한 일이 전능자로부터 책망을 받을 만한 이유가 있다면 그것은 무엇일까?

그것은 전능자를 선택하고 전능자에게 사랑을 고백한다는 것은 전능자에게 전능자가 받아 합당한 예우를 한다는 것이다. 마치 자녀가 부모에게 효도를 하는 것처럼 말이다. 낳아주고 길러주었음을 인정한다면 자녀는 분명히 부모를 공경해야 한다.

그런데 많은 사람들은 전능자가 아닌 다른 신을 선택한다. 이들에게는 하나의 특징이 있다. 자기가 선택한 신에 대한 예우에 별로 관심이 없다는 것이다. 모든 것이 저절로 생겨 진화했다고 주장하는 이들은 스스로가 설정한 하나의 특권을 가진다. 그것은 존재에 대한 감사와 예우를 갖출 필요가 없다는 것이다. 저절로 되었기 때문에, 저절로 진화하기 때문에 인간이 그런 현상에 대하여 뭔가 작위적인 행동으로서 예의를 갖출 필요가 없다는 편의성이다.

어떤 면에서 '저절로'를 주장하는 사람들의 속내는 바로 이것! '존재의 근원을 인정하는 순간 그에게 해야 할 예우가 발생하게 되는 데 그것이 싫다'는 것이다. 분명히 드러나지도 않는데, 왜 존재의 근원을 인정하고 왜 그 조물주에게 깍듯이 예우를 하느냐는 것이다.

'저절로'라고 믿는 순간 세상이 얼마나 자유로운가?

'전능자가 모든 것을 시작하고 만들었다'고 인정하는 순간 그 사람은 전능자에게 예우를 갖춰야 한다. 전능자가 당초에 의도한 '사랑'을 고백하고 사랑해야 한다. 이것은 분명히 '저절로'를 주장함으로써 갖게 되는 자유로움과는 다르다. 누구나 전능자를 인정하는 순간부터 의무가 따라온다. 마치 부모가 나를 낳아줬으니 평생 부모를 공경해야 한다는 의무를 짊어지는 것과 유사하다. 사실 부모를 외면하면 세상은 훨씬 자유로울 수 있다. 부모를 부양해야 하는 책임과 의무는 결코 가볍지 않다. 사람들은 이 책임과 의무로부터 벗어나고 싶어 한다. 의식적이든 무의식적이든 간에 말이다.

'붕어빵 포장마차 전능자 담론'은 세상의 현상을 들어 전능자에 대한 설명을 시도했다. 부모에 대한 책임 부분에서 부모를 '전능자의 유비'로서 설명했다. 이러한 유비가 가능한 것도 전능자가 의도한 것일 수 있다. '사랑하고 사랑받기' 프로젝트 안에 이미 설계되어 있는 사항일 수 있다. 부모에 대한 공경 너머에 전능자에 대한 공경과 사랑이 보일 수 있다.

생애를 살아가는 중에 전능자의 업적을 인정하고 전능자에 대한 예우를 하기 위해 노력한 사람과 전능자가 아닌 '저절로'를 주장하면서 산 이들과의 사이에는 어떤 차이가 있어야 할까?

"그것이 저희들도 궁금해요! 교수님!"

"맞아요! 지금까지 인류 역사에서 양자 간에 어떤 차이가 있다고 인정할 만한 뚜렷한 구분점은 없다고 보는 것이 맞다고 저희들은 알고 있거든요, 교수님!"

"그렇습니다. 전능자를 유일한 신으로 인정하고 전능자에게 평생 사랑을 고백하면서 전능자를 예우한 이들과 그렇지 않은 이들 간의 삶에 있어서 우리가 객관적으로 인정할 만한 차이는 없습니다. 악과 고통이 닥쳐 올 때는 사람들을 가리지 않습니다. 세월호 안에는 전능자를 인정하는 이들도 탔고, 부인하는 이들도 탔습니다. 그들은 모두 똑같은 운명을 맞이했습니다!"

"그렇다면 굳이 전능자를 인정하고, 그를 사랑하고, 그에게 번거롭게 예의를 갖추면서 살아야 할 당위성이 뭐냐는 거지요!"

"우리 붕어빵 포장마차의 담론이 이제는 결승점을 향합니다. 이 시점에서 우리가 견지해야 할 것이 있어요! 지금까지 진전되어 온 붕어빵 포장마차의 전능자 담론의 연결선을 벗어나지 않아야 된다는 것이지요!"

"저도 그렇게 생각해요! 교수님! 이 담론으로 인하여 저는 기독교인이 될 생각은 없으니까요! 호호호!"

"후유! 다행이다! 나는 자기가 이 담론 마치면서, 교회 다니자고 할까 봐 내심 걱정을 했거든!"

"거봐요! 전능자를 인정하면 그렇게 번거롭다니까!"

"현대인들이 얼마나 힘든 일상을 보내는데요! 매주 일요일마다 교회에

가야한다고 생각하면 그건 쉽게 못할 것 같아요! 일요일에 충분히 육체적 정신적 피로를 풀어야 다시 한 주를 시작할 수 있거든요! 저희들은!"

"다 좋아요! 하여튼 결승점을 바라보고 남은 힘을 다해 봅시다! 전능자를 인정한다는 것은 전능자를 '실재'로 인정한다는 뜻이고, 붕어빵 포장마차 전능자 담론에서 전능자만이 '실재'로서의 신이고 나머지 신들은 모두 전능자의 설정에 따른 명목(名目) 또는 유명(有名)일 뿐이라고 결론 냈습니다.

그렇지요?"

"네!"

"네!"

"우리의 전능자 담론에 의하면, 전능자를 인정하는 길은 '실재'에 근거한 참의 길입니다. 왜냐하면 전능자 하나만이 신 중에서 '실재'이기 때문입니다. 전능자를 부인하는 순간 '실재'가 아닌 '명목' 또는 '유명'에 근거하는, 참이 아닌 길로 들어서는 결과가 됩니다. 전능자가 설정한 가상의 신을, 인간의 편의에 맞게 꾸며서, 적당히 섬기는 길은 가식의 길입니다. 좀 더 부연해 설명하자면, 전능자를 유일신으로 인정하는 순간 그 사람은 모든 것을 전능자의 의지에 따라야 합니다. 자기주장이 있을 수 없습니다. 그러나 전능자가 아닌 신들에 대한 사람들의 보편적 인식은 그 신들이 인간의 의지에 도움을 줘야 하는 신입니다. 내가 이런 계획을 하고 있으니 '태양신은 나를 도와야 한다!' 혹은 이번에 '달의 여신이 행운을 나에게 주면 좋겠다.' 이렇게 됩니다. 여기까지 잘 이해가 되세요?"

"네! 그야 지금까지 우리가 진행시켜온 전능자 담론의 귀결이니까요! 충분히 인식적으로서는 동의할 수 있습니다! 자기도 그렇지?"

"그렇지! 그러나 교수님의 말씀을 좀 더 들어야 할 필요가 있지 않을까?"

전능자를 인정한다는 것은 눈에는 보이지 않지만 존재의 시작에 대하여 전능자를 '실재'로서 받아들임을 의미하며 그에게 사랑을 고백하는 것은 전능자의 의도에 순종하는 것을 의미한다. 이것이 겨울 한철 붕어빵 포장마차 전능자 담론의 귀결이다. 그러니 결국 전능자의 존재를 부인한다는 것은 진실 된 '실재'를 거부하는 것과 같게 된다. 그리고 이 땅에서의 자기 영달에 도움을 주는 신을 선택한다는 것은 '실재'가 아니라 전능자가 설정해 둔 여러 신들 중에서 자기 편의에 의하여 선택하여 필요하면 부르고, 그렇지 않으면 의식하지 않으면서 자유롭게 살려는 태도라는 비판을 면하기 어렵다.

"그 말씀에도 공감할 수 있어요! 교수님!"

"남편님은 어떠세요?"

"저 역시 공감하지요! 저도 전능자 담론을 충실하게 따라왔으니까요!"

"그런데요, 교수님! 아까 전능자를 인정한 사람과 그렇지 않은 사람 사이에 객관적으로 인정할 만한 그 어떤 차이도 없다고 하셨잖아요! 그러면, 전능자를 인정하고 인간이 자기 의지보다는 전능자의 의지에 인간의 생애를 맡긴다는 것의 종국적인 차이는 무엇인지 모호하지 않습니까?"

"좋은 질문하셨어요! 우리가 지금까지 전능자 담론을 해 오고 있어요! 전능자는 사랑하고 사랑받는 프로젝트를 기획하고 실행했습니다. 그렇다면 전능자에게 사랑을 고백한 자와 그렇지 않은 자를 전능자는 분명히 언젠가는 구별하리라는 예측도 할 수 있어야 합니다. 만일 전능자가 그렇게 하지 않을 거라면, 전능자가 '자기도 들 수 없는 바위'를 만든 의미가 무엇이겠습니까?"

"그래요! 교수님! 그렇다면 전능자는 끝내 이 점을 분명하게 가릴까요?"

"전능자의 성품을 보더라도 그렇게 하지 않겠습니까? 단지 그때가 언제인가에 대해서는 논란의 여지가 있어요! 강건하면 80, 좀 더 살면 100세가 우리 인생인데요, 그때까지는 우리가 알지 못할 수 있어요! 그러나 그 후의 어떤 세계, 이를테면, '무덤 저편'이 있다면 거기서 판정이 날 수도 있어요!"

"사후 세계도 전능자 담론에서 배제할 수 없는 분야네요, 교수님!"

"그렇지요! 사후 세계도 그렇지만, 이 땅에 사는 동안에 전능자를 일찌감치 인정하고, 자기 의지보다는 전능자의 의지에 순종하면서, 전능자에게 사랑을 고백하면서 사는 사람들만이 체험하고, 그들만이 아는 어떤 유익도 있을 수 있지 않을까요?"

"그럴 수 있다고 봐요! 우물이 깊은 줄은 알지만, 그 속에 들어가 보기 전에는 우물 속의 정확한 실체는 알 수 없는 거니까요!"

"붕어빵을 먹어본 자만이 붕어빵의 맛을 알지요! 더구나 이렇게 담론하면서 먹어보는 붕어빵 맛은 우리 셋 말고는 아직 아무도 모를 겁니다!"

"교수님! 사실 저희 부부는 이 붕어빵이 그렇게 맛있는지는 모르겠어요! 솔직히요!"

"솔직한 것은 언제나 진리입니다! 세상에서 붕어빵을 가장 맛있게 먹는 자가 나다! 나는 이렇게 자부하고 있어요!"

"저희 부부 두 사람이 인정합니다! 교수님!"

"제가 속해 있는 등산모임이 하나 있어요! 산에서 내려오면 식사를 하게 되는데, 그 자리에서 대부분 약주를 한 잔씩 하지요! 그런데 나는 술을 못해요! 그래서 '안주킬러'가 되었는데, 언젠가 한 번은 막걸리가 그날의 주류가 되어 모두들 막걸리를 마셔요! 그런데 옛날에는 막걸리 주전자 아래 가라앉은 것을 흔들어서 탁한 색이 되도록 하여 따라 마셨는데, 그래서 막걸리를 탁한 색이라 해서 '탁주'라고도 했는데, 그날은 아래에 가라앉은 것이 섞이지 않도록 위에 말갛게 되어 있는 부분만을 조심조심 따라서 마시는 거예요!"

"교수님! 저희들도 요즘 막걸리는 그렇게 마시는데요!"

"아, 그래요?

저는 그걸 몰랐어요! 그 자리에서 그렇게 말간 막걸리로 건배를 하고 마시더니, '캬~' 하면서 한 분이 나를 바라보면서, '이 맛을 모르고 죽으면 얼마나 억울할까 잉?' 그러는 겁니다. 얼마나 그 맛이 좋기에 저렇게 말할까?"

"단연코! 저도 말할 수 있어요! 그 막걸리 맛이 붕어빵보다야 훨씬 맛이 있지요, 교수님!"

"아, 그래요?

나는 그때 그 말을 들으면서 속으로 이렇게 대입해 봤어요! '전능자를 경험하지 못하고 죽으면 얼마나 억울할까잉?'"

"호호호! 교수님다워요!"

"하하하! 교수님! 전능자를 모르고 죽으면 정말 어떻게 될까요?"

"'전능자만이 '실재'다! 우리가 이렇게 결론 냈잖아요?"

"네!"

"네!"

"실재인 전능자를 몰랐다는 것은 허구의 세상을 살았다는 것이고, 허구의 세상을 살다가 죽으면 결국은 허구에 빠질 수밖에 없겠지요?"

"그렇게 말씀하실 수 있다고 봅니다!"

"그러나 실재를 알고 실재를 경험하며 실재와 교제 하다가 죽었어요! 그 사람이 가는 곳은 실재가 있는 피안이 되겠지요! 결국 사람들이 입에 자주 올리는 천당과 지옥이라는 것은, 실재가 있는 곳이냐, 실재가 없는 허구뿐인 곳이냐의 문제일 수 있다고 봐요!"

"대부분의 종교들에서 지옥은 영원히 고통이 계속되는 곳으로 말하잖아요, 교수님!"

"그렇지요! 결국 이 세상에서도 진실이 있을 때 행복이고, 가식은 불행이잖아요, 한 번 거짓말을 하면 그 거짓말을 지키기 위해서 계속 거짓말을 만들어내야 하고, 결국은 파멸에 이릅니다. 그 거짓의 탑은 불보다 더 뜨거운 지옥이 아니겠습니까?"

"실재냐 허구냐, 이것이 천국과 지옥의 차이라는 말씀이세요! 교수님!"

"진실이냐 거짓이냐, 무섭습니다! 자기야 우리는 거짓 아닌 참으로 살자!"

"그렇게 사는 부부되기를!"

제 4 부

우리도 우리의 모양대로

25. 사람이 살아가는 목적
26. 사랑의 정의
27. 우리도 우리의 모양대로

붕 어 빵

25. 사람이 살아가는 목적

"교수님! 오늘은 복장이 멋지십니다! 붕어빵 포장마차에 어울리지 않아요! 그동안은 교수님 복장이 우리 포장마차에 '딱이다' 싶을 만큼 시금털털하신 복장이었는데, 오늘은 정장에 코트까지 입고 오셨네요! 그 코트와 양복과 넥타이에 어묵 국물 냄새, 붕어빵 냄새가 베어들면 어떻게 해요? 호호!"

"붕어빵 냄새가 섭섭하겠어요! 붕어빵 냄새에 내가 입은 양복과 넥타이 코트가 비비적거리고 스며들까 걱정해야 하는 것 아닌가?"

"하하하! 붕어빵 냄새가 더 귀하냐, 교수님의 정장이 더 귀하냐? 이렇게 됩니까?"

"그렇지요! 어묵 국물의 짠 내가 더 귀중하냐? 신사숙녀의 정장이 더 귀중하냐? 관점의 차이일겁니다. 그렇지요?"

"네, 그렇지요! 그런데 어디 다녀오시는 길인가 봐요?"

"네, 초등학교 동기 여학생 딸이 결혼을 해요! 그런데 결혼식을 서울에서 하기 때문에 이곳의 하객들을 위한 피로연을 미리 한다고 해서 거기서 저녁 식사를 하게 되었지요! 점심을 피로연으로 했더라면 내 입장에서는 더 좋았을 터인데, 저녁 식사로 피로연을 한다하니 어쩔 수 없이 다녀왔어요! 붕어빵에게 오늘은 여러 모로 미안하게 되었어요!"

 천장에 매달아놓은 종이컵 대롱에서 맨 밑의 한 개를 꺼내어 어묵 국물을 따라 입술을 축였다.

 "거기를 갔는데, 내가 시간을 딱 맞추어 갔더니 글쎄 내가 하객 중에서 첫 번째 손님인 거예요! 그런 데를 가면, 네 명씩 테이블에 짝을 맞추어 앉아야 전골냄비를 올려놓은 가스렌지에 불을 붙여주거든요! 그래서 세 명이 더 올 때까지 식당 안에서 기다리게 되었어요!"

 "맞아요! 교수님! 요즘 피로연은 그렇게 하더라고요! 네 명이 안 되어도 한 테이블에 4인분 요금을 받더라고요!"

 "마침 식당 안에 연통이 달린 난로를 하나 피워놨어요! 그래서 혼주와 인사를 나누고 그 난로 옆에 손을 비비며 서 있었는데, 예비 신혼부부가 한복을 곱게 차려입고 같이 서 있게 되었어요! 그래서 무료한 시간을 어떻게 보낼까, 잠시 생각하다가 신혼부부에게 대화를 걸었어요!"

 "뭐라고 하셨는데요?"

 '음~ 내가 너희 어머니 초등학교 동기동창이다. 그때는 내가 너희 어머님을 짝사랑했거든!'

 "어머! 진짜요, 선생님?"

 "아니, 이를테면 그렇다는 이야기지요, 그렇게 이야기를 시작해야 신랑신부 긴장이 확 풀어질 거 아녜요?"

 "역시, 교수님! 센스쟁이셔! 그러니까 우리도 지난겨울 이렇게 교수님에게 붙들려 전능자 담론이라는 대단히 무거운 주제를 가지고도 잼나게 담론을 할 수 있었던 거로구나!"

 "그렇게 수다를 떨고 나서 내가 단도직입적으로 질문을 했지요, '근데, 너희들 왜 결혼하나?'"

"어머나! 그런 질문을요?"

"그렇지요! 그랬더니 신랑 신부 두 녀석이 서로를 쳐다보면서 '우리가 왜 결혼하지?' 하는 거예요!"

대부분의 신혼부부들에게 이렇게 물으면 쭈뼛거린다. 마땅한 대답을 못 찾는다.

"너희들이 대학에 들어갈 때 학과를 정하지?"

"그렇지요!"

"대학 들어갈 때 학과를 선택하는 이유가 뭐지?"

"솔직히 말씀드리면, 내 점수대로 선택할 학과가 어느 대학 무슨 학과인지 합격 가능성을 보고 선택하지요!"

신랑이 그래도 솔직하게 대답을 한다.

"그래서, 결혼도, 내가 프로포즈 하면 상대가 받아줄만한지 가능성을 봐서, 손을 내밀고 서로 합의가 되어 사귀다가 결혼하는구나?"

"그런 건 아니지요! 사장님!"

상대의 신분을 정확히 알지 못하는 상태에서 상대를 가장 높여 부르는 호칭이 최근 한국 사회에서는 '사장님'이다. 어머니 초등학교 중학교 동기동창이라는 것만 알고 있으니 이 호칭이 알맞다고 생각했나보다.

"그럼, 다시 한 번 묻겠는데, 너희들 왜 결혼하지?"

"얘들아! 이 친구는 학교 다닐 때 반에서 최고로 공부도 잘했어! 지금은 교수님이야! 질문하시는 데 대답해 드려!"

"아, 그러세요?"

"우리가 서로 사랑하니까 결혼하는 거 아닌가?"

"그래 맞았어! 사랑하니까 결혼하지! 그것은 절반의 대답이 된다. 왜냐면, 내 질문 '왜 결혼하느냐?'에는 현상의 설명뿐 아니라 결혼 이후에 해야 하는 목적이 포함되어 있거든! '사랑하니까 결혼합니다'와 '○○을 위하여 결혼합니다' 두 개가 있어야 하지 않을까? 사랑하니까 결혼했으면 그 이후에는 어떻게 무엇을 하면서 살 것인가의 목적이 분명해야 하지 않을까?"

"잘 살려고 결혼한다고 해야 하나?"

신부가 뺨이 불그레해지면서 신랑 쪽을 바라보고 묻는다!

"너희들 결혼하면 아이를 낳을 거지?"

"네!"

"네!"

"또 질문할게! 왜 아이를 낳지?"

그리고 옆에 서 있는 신부 어머니를 바라보면서 물었다.

"이 녀석을 왜 낳았어?"

"글쎄? 뭐 시집가서 애 낳는데 뭐를 알고 낳았나? 남들 다 시집장가 가서 아이들 낳고 사니까, 나도 뭐 별수 있나, 그렇게 해야지! 남편을 만나 눈에 콩 깍지가 씌었고, 흐흐! 그래서 결혼하고 애가 둘째잖아?"

"그러니까, 왜 애를 낳았느냐? 이 질문에 분명한 대답은 없지만, 하여간에 다들 그렇게 하니까! 나도 그렇게 했다?"

"그러면 친구는 알고 결혼했어? 우리 때는 그런 거 아무도 몰랐잖아!"

"맞아! 나도 친구하고 똑 같애! 아무것도 모르고 눈이 맞아 사랑에 빠지고, 남들 결혼하니 우리도 하자! 남들 아이들 낳아서 키우니 우리도 낳자! 하기야 우리때는 '낳자, 말자!' 결정하고 자시고 할 틈도 없었지, 그냥 생기면 낳았지 뭐! 그런데 가끔 살다보면, 이런 질문하게 되잖아? '이 사람하고 내가 왜 결혼했나? 뭐가 좋아 결혼했나?' 또 자식 키우면서 힘들고 지칠때마다. '이것을 내가 왜 낳았나?' 질문만 했지 대답은 찾을 생각도 안하고 살아내기 바빴잖아?"

"그래 맞아! 교수라서 확실히 다르네!"

"오늘 마침 나하고 잘 만났다. 너희들! 결혼을 앞두고, 왜 결혼하는지, 나중에 자녀를 낳을 텐데, 왜 자녀를 낳는지, 내가 대답을 들려줄테니, 잘 듣고 그대로 살아라! 잉?"

"네!"

"네!"

남녀가 만나 결혼하는 것은 사랑하기 때문이다. 그러나 이것은 결혼 당시 두 사람의 정서적 관계이지 결혼 이후 목적은 아니다.

그렇다면 사랑하니까 결혼해서 어떤 목적을 가지고 살아가야 할까?

다름 아니라, '사랑하고 사랑받기 위해서'가 정답이다. 지금 하고 있는 사랑을 계속하되, 상대로부터 사랑을 받기 위해서 결혼이라는 관계 속으로 들어간다. 그래서 두 사람은 이제부터 '사랑하고 사랑받기 위하여' 살아가야 한다. '사랑' 아닌 것을 상대에게 하거나, 요구하는 것은 금물이다. 사랑 아닌 것을 강요하는 것은 결혼의 목적이 아니다!

자녀를 낳는 일도 그렇다. 자녀를 사랑하고 자녀로부터 사랑받기 위하여 부모는 자녀를 낳는다. 그러니, 장차 자녀에게 '사랑' 아닌 것을 해서는 안 되고, '사랑'아닌 것을 받기를 바라서도 안 된다. 오직 사랑만 하고, 오직 사랑받기만을 기대해야 한다. 그런데 사랑받기는 부모의 뜻대로 안 된다. '사랑하기는 내 뜻, 사랑받기는 네 뜻!'이다.

"맞아! 애들 키우면서 부모는 온갖 걸 다 헌신하지만, 애들이 어디 부모 마음 알기나 해? 이제 지들도 결혼해서 애기 낳아 키워보면 부모심정 조금은 알겠지!"

부모가 자녀를 사랑하는 것은 부모의 뜻이지만, 자녀로부터 사랑받는 것은 순전히 자식들 마음에 달렸다. 그들이 사랑해 주기를 부모는 바라면서 온갖 것을 다 희생하고 헌신하면서 산다. 부부간에도 마찬가지다. 남편이 아내를, 아내가 남편을 사랑하는 것은 각자 자기 마음이지만, 상대가 나를 사랑해 주는 것은 순전히 내 뜻이 아니고 상대의 뜻이다. 그러니 내 뜻대로 안 될 때 조급해져서 닦달을 하는 것은 옳지 않다!

"결혼하는 목적도 자녀를 낳아 키우는 것도, '사랑하고 사랑받기 위해서' 이해가 돼?"

"네~"

신랑 신부 두 사람이 손을 앞으로 모으면서 공손하게 대답해 준다.

"야! 너희들 오늘 이 말씀 잘 새겨라! 듣고 보니 정답 중의 정답이네!"

그 사이에 손님들이 몇 사람 왔다. 돌아보니 네 사람씩 앉아야 하는 테이블로 가도 될 듯 싶었다. 죽마고우들도 많이 왔다. 함께 어울려서 왁자지껄 떠들면서 저녁을 먹었다.

"교수님! 신혼부부에게 정말 좋으신 말씀해 주시고 오셨네요!"

"우리 결혼할 때 주례로 모셨더라면 좋았을 뻔 했어요!"

"지금이라도 들었으니 되었지요?"

"교수님! 그런데 오늘 교수님이 어떤 말씀하시려는지 저는 알겠어요!"

"어떤 말 할 거 같은데요?"

"'사람들도 전능자처럼, 자기도 들어 올리지 못할 바위를 만든다!' 이 말씀하시려는 거잖아요?"

"자기, 놀랍다! 와우~"

"그렇잖아! 지금 우리 붕어빵 포장마차 전능자 담론의 주제가 무언데! 전능자가 '자기도 들지 못하는 바위를 만들자!' 그것이 다름 아니라 '사랑하고 사랑받기'인데, 오늘 교수님이 신혼부부 만나서 하시고 온 말씀이 '사랑하고 사랑받기' 그러니 사람들도 전능자와 똑같네! 사람들이 전능자의 붕어빵이네!"

"교수님! 아내가 너무 앞서가지요?"

"아니에요! 제가 보람을 느껴요! 아내님이 이렇게 척척 나서주니까 얼마나 흥미로운지, 내가 지난겨울 내내 전능자 담론 한 것이 '헛짓이 아니었구나!' 고맙지요!"

그렇다. 사람들도 자기가 별로 힘들이지 않고 할 수 있는 일에는 재미를 느끼지 못한다. 직장에 출근하여 주어진 업무를 수행하고, 가정경제를 위하여 돈 버는 일을 하고, 사회생활을 한다. 이런 일에서는 짜릿한 긴장감이나 성취감이 크지 않다. 사람들도 자기가 하기에 버거운 일에 도전하려는 습성이 있다. 탐험정신이다. 이런 일 중에 대표적인 것이 결혼과 자녀 출산이다.

결혼생활을 감당하기에 버겁지 않다고 말한다면 그 말은 정직한 말이라고 할 수 없다. 자녀 낳아 키우는 일이 힘에 겹지 않다고 말할 수 없다. 이 두 가지 일이 대표적으로 '자신이 감당하지 못할 일' 즉, '내가 들어 올릴 수 없는 바위'이다.

"교수님! 그렇다면 오늘의 결론은 '사람은 전능자의 붕어빵이다!' 맞습니까?"

"오~ 자기도 역시! 붕어빵에 대해서는 자기가 사장이니까! 자기 최고!"

"맞아요! '사람은 전능자의 붕어빵이다.' 그러나 '붕어빵에는 붕어가 없다.' 그래서 '사람에게는 전능함은 없다.' 이렇게 됩니다! 그리고 '사람은 전능자를 흉내 낸다!'"

"전능자 흉내를 어떻게 내요, 교수님?"

"오늘 숙제입니다!"

"호호호! 저는 교수님의 속내를 조금은 알 것 같아요!"

"두 분이서 다음에 만날 때까지 전능자 흉내 내기 정답을 찾아오시기를 고대합니다!"

〈세월호〉
2014년 4월 16일 한국의 서해 진도 앞바다 맹골수도에서 침몰한 세월호. 이 사고로 수학여행을 가던 고등학교 2학년 학생 250명을 포함하여 304명이 목숨을 잃었다.

26. 사랑의 정의

1. 아끼고 베풀며 따뜻하게 여기는 마음
2. 남녀가 서로 애틋이 그리는 일. 또는 그 마음
3. 남을 돕고 이해하려는 마음
4. 어떤 사물이나 대상을 몹시 아끼고 귀중하게 여기는 마음
5. 열렬히 좋아하는 이성(異性)[1]

위의 다섯 가지 설명이 국어사전에 수록된 사랑의 뜻풀이다. 이 뜻풀이와 지난겨울 붕어빵포장마차 전능자 담론이 말하는 사랑은 어떤 차이가 있을까?

"아내님께서 번쩍이는 예지로 전능자 담론에서의 사랑을 이야기해 볼까요?"

"국어사전에 설명된 사랑은 교수님을 만나기 이전까지 우리가 알던 사랑이고요! 전능자 담론을 통해서 사랑을 어떻게 설명하면 좋을까? 제 나름대로 꾸준히 생각해 온 것이 있어요!"

---

[1] "사랑"에 대한 뜻풀이. 민중서림편집국, 『민중엣센스 국어사전』.

"한번 듣고 싶어요!"

"사랑의 뜻이 국어사전 뜻풀이 나와 있는 것이 다라면, 굳이 '전능자가 들어 올리지 못할 바위'라고 할 것까지야 없겠지요!"

"그거에 대해서는 나도 할 말이 있는데요!"

"남편님의 견해도 듣고 가지요!"

"위의 사랑 뜻풀이에서도 '들지 못할 바위'라면, 각 항목의 주체가 아닌 객체의 입장이라고 할 수 있을 겁니다. 이를테면 첫 번째에서 '아끼고 베풀며 따뜻하게 여기는 마음'이 사랑이라 했는데, 누군가로부터 이 마음을 받았으면 하는 어떤 '객체'라는 측면입니다. 그러니까 한글 국어사전의 사랑 뜻풀이는 '사랑하는 주체'의 입장에 치중한 것이라는 의미입니다! 그리고 그 사랑의 대상이 되고자 하는 사람이나 사물의 입장에서 보면 이 역시 '자신이 들 수 없는 바위'가 되지 않을까요?"

"옳습니다! 그 객체에 해당하는 사람의 경우, 사랑의 주체가 되는 사람으로부터 사랑을 받고자 하는 간절한 마음을 갖게 될 것입니다. 그리고 그 간절함이 행동으로 드러나게 될 텐데, 그 행동은 '사랑'의 주체가 하는 행위 곧 사랑이라는 행위로 드러날 개연성이 있다고 보는 겁니다. '사랑받기에 대한 기대는 사랑으로 드러난다'고 할 수 있겠지요!"

"그러니까, 사람들은 사랑을 생각할 때, 한 면만을 보고 논하지만, 전능자가 의도한 것은 양 측면이 모두 해당된다는 뜻이지요, 교수님?"

"그렇습니다! 전능자가 '사랑받기'를 목적으로 하는 일은 다름 아닌 '사랑하기'가 된다는 것입니다. 전능자가 자기의 전능함으로 만들어내는 모든 존재에는 바로 전능자의 '사랑하기'라는 목적이 담겨 있고요, 전능자는 자기의 전능함으로써 '사랑하기'를 했다는 뜻입니다. 그리고 자기가 만든 것들 중에서 자신에 버금가는 인격체를 만들어 그들로부터 '사랑받기'를 도모했다는 것입니다. 바로 여기서 '자신도 들지 못하는 바위'의 속성으로서 그 인격체에게는 사랑할 수 있는 가능성은 물론 사랑하지 않을 수도 있는 가능성을 열어두었습니다!"

"교수님, 그렇다면, 성서에 나오는 에덴동산의 선악과나무는 이런 측면에서 아담과 하와가 전능자를 배신할 수 있는 가능성의 길이라는 것이 됩니까? 에덴동산에 만일 선악과나무가 없다면 아담과 하와는 전능자에게 기계적으로 순종하는 외길만이 있을 뿐이고요, 선악과가 있는 환경! 이것이 전능자가 만들어낸 사랑의 토양이라고 우리가 누누이 정의하고 확인했던 바로 그 '사랑 밭'이라고 할 수 있다! 이렇게 될 것 같습니다. 교수님!"

"붕어빵 맛이 참 좋습니다! 오늘따라!"

"교수님! 저도 가끔 한 개씩 붕어빵 먹어볼 때가 있어요! 호호호!"

"붕어빵 참 맛있잖아요, 진짜 붕어로 만든 요리, 붕어찜보다 더 맛있어요!"

"진품보다 짝퉁이 더 오리지날 같을 때가 많아요, 교수님!"

"그나저나 아내님이 정의하는 '붕어빵 포장마차 전능자 담론'이 말하는 사랑의 정의는 아직 못들었어요!"

"저는 이렇게 정리해 봤어요! 교수님께서 처음 이곳에서 전능자 담론을 시작하실 때, '용서'에 대해서 말씀해 주셨어요! 그리고 이어서 '관계'에 대한 말씀을 하셨어요!"

"자기, 역시 짱이다. 나는 벌써 그건 다 까먹은 것 같은데!"

"참, 남편님은 좋은 아내님을 두셨어요! 부럽습니다!"

"부럽기까지요?"

"그럼요! 어쨌든 아내님의 사랑에 대한 정의 들어야 합니다."

"저의 정리가 교수님의 정리에 부합하면 좋겠어요!"

"기대해 보겠습니다!"

"전능자 담론에서 사랑은 '나중에 지을 죄에 대하여 미리 용서하고 맺어진 관계를 어떤 상황에서도 단절하지 않고 계속 지속해 나가는 일!' 이것이 사랑이라고 정의하고 싶어요!"

"와우! 짝짝짝!!!"

"좀 천천히, 그리고 좀 정리해서 말해 봐!"

그때 마침 붕어빵을 사러 들어오는 손님이 있었다.

"붕어빵 몇 개에 천 원이지요?"

"세 개에 천 원입니다. 손님!"

"네 개에 천 원 아닌가?"

"아마 작년 재작년에는 그렇게 팔았던 거 같아요!"

"열 개는 사가야 하는데?"

"3천 원에 열 개 드리겠습니다. 손님!"

"고맙습니다!"

천 원짜리 지폐 석 장을 내고, 봉투에 담아준 붕어빵을 받아들고 나간다.

"자기야!"

"응!"

"지금 저 손님과 우리 관계는 끊어졌잖아?"

"그렇지!"

"그러니 이것은 사랑이 멈춘, 더 이상 사랑이 아닌 거지! 자기가 붕어빵 포차를 시작할 때는 고객들이 붕어빵을 사러왔을 때 실수하거나 잘못할 것을 미리 예상하고 즉, 용서하고 시작했고, 그럼으로써 고객과 붕어빵 장수라는 관계가 잠깐 성립이 되었지만, 그 관계는 짧게 끝나는 사랑이지, 그런데 만약 이 관계가 지속된다면 그때가 진정한 '사랑'이라고 할 수 있는 거지! 자기가 고객에게 최선을 다 하잖아! 봉투에 넣어서 건네 드릴 때까지!"

"그렇지!"

"아내님이 붕어빵 포장마차의 전능자 담론에서의 사랑을 잘 정리하고 설명해 주었어요! 내가 고맙다고 말해줘야 할 것 같아요! 아내님의 설명을 내가 짧게 정리해 볼게요! 여기서 한 가지 사업상 기업과 고객과의 사랑도 역시 '미리 용서함으로' 관계를 지속하되, 고객이라는 상대가 불특정다수라는 속성을 띕니다. 그러나 자연인끼리의 사랑은 '미리 용서함으로써 맺어진 관계를 계속적으로 유지하는 것' 이렇게 되겠지요?"

"맞습니다! 교수님!"

"저는 다시 한 번 듣고 싶어요!"

"네! '사랑은 용서로 맺어진 관계를 지속하는 것' 이제 됐지요?"

"네, 알겠습니다! 저는 길게 설명하는 것보다 짧게 아포리즘으로 표현해 줄 때 이해가 더 빨라요, 교수님!"

"그게 남자들의 특징이라고들 말합니다. 여성들은 한없이 길게 늘여서 설명하는 것을 좋아하고 남성들은 결론을 빨리 듣고 싶어 하거든요!"

"맞습니다! 교수님!"

"세 사람 중에서 여성은 저 혼자라서 우군이 없어요! 불공평해요, 교수님!"

"그동안 제가 아주 많이 배려했는데, 못 느끼셨구나?"

"사랑을 받으면서도 받는 줄을 모르고 있었다는 말씀처럼 들려요, 교수님!"

"사람들은 그래요! 그래서 사람들이 정리해 놓은 국어사전의 '사랑'은 반쪽의 답으로 그칠 수 밖에 없다! 동의가 되시지요?"

"네!"

"네!"

"그러나 전능자는 모든 것을 다 아니까 그렇지 않으리라 믿습니다! 그건 그렇고요! 지난번에 숙제가 있었을 텐데! 그거 어떻게 되었어요?"

"전능자의 흉내를 내 보라는 거잖아요?"

"그렇지요!"

"사흘 후에 여기서 다시 뵙고 그때 말씀드리면 안 될까요?"

"그렇게 합시다! 그런데 왜 사흘 후지요?"

"그때 뵙고 말씀 드리겠습니다!"

27. 우리도 우리의 모양대로

이번에는 내가 사흘을 보내느라 조바심을 갖게 되었다.
이 젊은 부부들이 어떤 대답을 가지고 나올까?
그리고 왜 사흘 후라고 했을까?
궁금하게 기다리며, 한 밤, 두 밤, 세 밤을 잤다. 그동안 겨울이 많이 물러가고 자동차들이 다니는 길마다 녹는 눈과 얼음에서 흘러내린 물로 질척질척했다.
"이렇게 긴 사흘! 사는 동안 흔치 않았어요!"
"어머나! 그렇게까지 기다리셨어요?"
"그럼요! 오늘이 아마도 우리 붕어빵 포장마차 전능자 담론 대미를 장식하는 날이 될 것 같은데요!"
"맞아요, 교수님! 실은 오늘 이 포장마차 걷으려고요!"
"아~ 글쿤!"
"호호호!"
"하하하!"
"그러면 남편님께서는 새롭게 해야 할 일 찾으셨어요?"
"네! 지난번에 교수님께서 뭔가를 결정하는 데 있어서 가장 큰 방해꾼은 바로 내 안에 있는 다중적 '나'라는 말씀을 듣고 과감하게 떨쳐버리고 하나로 결정을 봤습니다!"

"축하해요! 그 일이 어떤 일인지 몰라도 꼭 잘 되기를 소망하겠습니다! 그러나 그것으로 '전능자 흉내 내는 일' 숙제에 대한 답으로 가름하는 것은 아니겠지요?"

"그러고 보니 이 대답도 '전능자 흉내'이기는 한 것 같네요, 교수님! 호호호!"

"그동안 붕어빵 포장마차 사업, 손익분기점에서 밑돌지는 않았어요?"

일부러 화제를 잠시 돌렸다.

"오늘 빵틀과 재료를 제공한 측과 정산을 했는데요! 저의 인건비를 얼마로 하느냐에 따라 손해라고 할 수도 있고, 손익분기점을 겨우 넘겼다고 할 수도 있을 거 같고, 그렇습니다!"

"그럴 거예요!"

"좋은 경험했고요! 새로운 것을 해 보기로 결정했으니 홀가분합니다!"

"다행입니다! 이제는 답을 들어야 할 때가 온 것 같아요!"

"…"

잠시 침묵이 흘렀다. 두 부부가 의도적으로 침묵하는 것 같기도 하고, 아직도 뭔가 망설이는 빛이 보이기도 했다.

"'전능자 흉내!' 두 사람이 합창으로 한 번 해 보는 것 어때요?"

"…"

"품!"

아내가 참고 있었던지 웃음을 터뜨렸다!

"아내와 함께 합창으로 하겠습니다. 교수님!"

아내가 남편 옆으로 갔다. 그동안 아내는 항상 남편이 붕어빵을 굽는 포장마차 식탁 왼편 모서리에 서 있었다. 아내가 거기서 몇 걸음 옮겨 남편의 왼편으로 가서 남편의 손을 잡는다.

자기야
우리도
우리의
모양을
꼭닮은
아이를
가지자

"호호호! 하하하!"
"와우! 짝짝짝짝짝짝!"
"이 이벤트, '전능자 흉내 내기' 답으로만 연출된 것 아니지요?"
"네!"
"네!"
"두 사람이 드디어 '들어 올리지 못할 바위를 만들자!' 결정하신 것 진심으로 축하해요!"
"축하해 주셔서 감사해요, 교수님, 호호호!"
"실은 지난번에 아내가 직장일로 힘들어 한다고 말씀드렸을 때쯤, 저희 두 사람이 아이 문제로도 깊이 토론을 나눴어요! 그 무렵 아내도 직장에 대해서 다시 생각해 보는 계기도 되었고요! 일하는 것만으로 인생을 정의하기에는 부족하다고 서로 의견을 맞추었습니다. 그리고 아이를 갖기로 결정을 했어요! 저희들이 결정하도록 도우신 분은 누구보다도 교수님이십니다. 그동안 '붕어빵 포장마차 전능자 담론'이 저희에게는 아주 유익했거든요! 다 교수님 덕입니다!"

"내 덕이라고 할 것까지야! 남편님, 아내님의 '전능자 흉내 내기'지요! 허허허!"

"암튼 고맙습니다! 교수님, 호호호!"

"두 분이 애국자가 되신 겁니다! 아니다. 붕어빵이 되신 거다! 짝퉁 전능자니까! 이렇게 축하할 일이! 우리 붕어빵 포장마차 전능자 담론의 빛나는 열매입니다! 포장마차를 접으니까 낼모레쯤 내가 맛있는 식사로 축하자리 한 번 마련하겠습니다!"

"하하하하하!"

며칠 후 그럴듯한 식당을 예약하고 세 사람이 둘러앉았다.

"교수님! 지난겨울 참으로 고맙고 즐거웠어요! 붕어빵 포장마차 처음으로 하면서 창피한 생각도 들고, 혹시라도 아는 사람 만나면 어떻게 하나 은근히 걱정되기도 했는데요! 교수님 덕택에 어떻게 시간이 지나가는지도 모르고 지나갔습니다!"

"나도 남편님, 아내님 만나서 추위도 모르고 겨울을 났습니다. 감사해요!"

"그런데요, 교수님! 이쯤에서 교수님에 대해서 성함이라도 말씀해 주셔야지요!"

"예! 그렇게 해야지요!"

에필로그

    금년 여름은 참 무던히도 더웠다.
    지난겨울 젊은 붕어빵 포장마차 부부와 나눈 전능자 담론을 되새기면서 이 더위를 물리쳤다. 불과 몇 달 전 겨울의 추억을 되새김에도 더위가 맥을 못 추고 물러갔다. 하물며 전능자가 전능자 됨을 보여주는 일을 밝히는 데는, 또 어떤 것들이 물러날까?
    붕어빵의 계절을 다시 기다린다!

황의찬과 『붕어빵』 한 걸음 더 들어가기

신정론의 담론을 꿈틀거리는 현실로 사유

정 승 태 박사
침례신학대학교 종교철학 교수, 목회신학대학원장

    황의찬 목사님의 『붕어빵』은 철학적 관념의 박제로 만들어진 신정론의 담론을 꿈틀거리는 현실로 사유한 책이다. 매우 무겁고 부담스러운 주제인 신정론의 담론은 허름한 붕어빵 포장마차의 편안하고 가벼운 환경에서 악과 고통이라는 삶의 진지한 문제를 대화적 형식으로 전개한다. 이 책을 읽어가는 동안 저자가 현실의 소용돌이 속에서 하나님과 얼마나 치열하게 씨름했는가를 느끼게 된다. 그래서 저자는 악과 고통에 관한 신정론의 담론이 단지 감상적인 이야기가 아니라 인간의 영혼 깊숙한 내면에 자리 잡은 피할 수 없는 이야기라고 전해 준다. 그러면서 누구보다도 그는 이 문제에 대한 기존의 해명이나 해법을 단순한 대화의 화술적 기법으로 표현하지만 비판적인 논리로 풀어 설명한다.
    "전능한 하나님은 자신이 들지 못하는 바위를 왜 만들었을까?"
    "악과 고통 뒤에 은닉하는 전능자 하나님은 왜 신이 되셨나?"
    이러한 전형적이고 통속적인 물음들에 대한 해답과 해명을 위해 저자는 "사랑하고 사랑받기 프로젝트"의 관점을 새로이 상정하고 응시한다. 그의 관점은 매우 간명하다. 하지만 이 『붕어빵』은 우리의 내면에서 부대끼는 이러한 물음들을 이전과는 다른 태도로 생각하고 느끼도록 심중한 영향을 끼친다.

저자에 따르면, 전능자 하나님이 "사랑하고 사랑받기 프로젝트"를 고안하고, 그것에 "전능자 하나님도 들지 못하는 바위"라는 의미를 부여한 다음에 하나님의 사랑을 지속적으로 유지하기 위해서는 전능자 하나님 자신이 숨어 있거나 침묵할 수밖에 없다는 것이다. 리스본 지진과 홀로코스트 그리고 세월호와 같은 무자비하고 거대한 악과 고통의 현실 이야기들에서 하나님이 전능하시고 사랑이 많으신 인격적 존재라면 어떻게든 자신의 존재를 '커밍아웃'해야 하지 않는가의 무신론적 비평가의 본질적인 물음 앞에 저자는 사뭇 역설적으로 대답하면서 어떤 해답을 찾아간다.

그의 해답이 역설적인 이유는 '사랑하기'와 '사랑받기'의 변증적 관계 때문이다. 만일 전능하신 하나님이 무자비하고 거대한 악과 고통을 해결하기 위해 자기의 전능함을 그때그때 보여준다면 불가피하게 자신의 실체가 드러나 사랑의 진정한 의미가 희석되거나 상실된다는 것이다. 하나님의 사랑은 아무런 대가나 조건을 기대하지 않는 무한한 사랑이다. 그래서 저자는 하나님이 들 수 없는 바위를 "사랑받기"라고 유비적으로 표현한다.

전능자 하나님이 자신의 힘을 임의대로 혹은 강압적으로 행사하여 모든 악과 고통을 막는다면, 그 사랑은 강요된 사랑이지 진실된 사랑이 아니기 때문이다. 그런 이유에서 하나님은 맘 아파하시지만 때로는 악과 고통의 문제와 마주하고 있는 사람들에게 하나님 자신의 전지하시고 전능한 힘을 드러내어 통제하는 방식을 억제함으로써 그의 피조물과의 사랑의 관계를 유지하신다는 것이다. 그러므로 저자는 전능자 하나님이 여기서 "의미 없는 바위를 만들어 놓고 전능자의 자리에서 무력하게 내려오는 것보다는 의미 있는 바위를 만들려는" 계획을 가지고 있다고 주장한다.

더욱이 저자는 여기서 그 바위가 어떤 대상들로부터 '사랑받는 일'이라고 본다. 하지만 사실 전능자를 유일한 신으로 인정하고 전능자에게 평생 사랑을 고백하면서 전능자를 예우한 이들과 그렇지 않은 이들 간의 삶에 있어서 우리가 객관적으로 인정할만한 차이가 없다는 것을 우리는 잘 안다. 그래서 우리의 삶은 악과 고통의 현실 속에서 인간의 참된 본분을 깨닫고 그 상황에서 하나님을 인식하고 그분의 사랑을 깨닫고 사랑한다면 그보다 더한 행복은 없을 것이다.

저자가 목표로 하는 암시는 바로 하나님의 이 숨겨진 사랑의 진정한 의도를 깨닫고 살아가는 것이고, 그것이 우리가 살아가는 삶의 목표이기도 하다는 것이다. 왜냐하면 우리가 하나님의 형상대로 지음을 받았기 때문에 우리도 "전능자의 붕어빵"과도 같기 때문이다. 그러므로 저자는 우리가 단지 전능자를 모방하고 닮아가는 것이 우리의 삶의 궁극적 목적이라는 하나의 역설을 이야기함으로써 신정론의 담론을 갈무리하고 있다.

황의찬 목사님의 『붕어빵』은 한번 손에 잡으면 단숨에 그냥 읽어 내려갈 수 있는 호쾌한 책이다. 하지만 그 담론의 내용을 음미하면 할수록 이 책에서 그가 전달하고자 하는 짙은 메시지가 감지된다. 그것은 하나님의 참된 본성과 그분이 세상을 사랑하는 방식이 무엇인지를 악과 고통의 현실에서 받아들이게 된다는 것이다. 이 책을 읽으면서 추천인은,

삶이 그렇듯이, 앞으로 닥쳐올 악과 고통의 상황에서도 하나님을 원망하거나 절망하여 슬픔의 그늘 속으로 들어가는 것이 아니라 도리어 우리의 주어진 삶의 현장에서 하나님의 살아계심과 그분의 사랑을 회복하는 하나의 사건으로 다가올 수 있음을 확신한다.

악과 고통의 문제로 씨름하는 분들과 신앙의 성숙을 필요로 하는 분들을 위해 이 보다 더 없이 유익한 책은 찾아보기가 어려울 것 같다. 특히 저자 황의찬 목사님의 앞선 저서 『침묵하지 않는 하나님』과 함께 이 『붕어빵』을 읽는다면 더 없는 신앙적 향유를 경험할 것으로 보인다. 따라서 많은 분들이 이 책을 통하여 삶과 신앙에 많은 도움이 되길 진심으로 바라는 바이다.

우리도 우리의 모양대로

붕어빵
Boong Oh Pang

2017년 11월 25일 초판 발행

지 은 이 | 황의찬

편   집 | 정희연, 곽진수
디 자 인 | 김스안, 전지혜
펴 낸 곳 | 밀알서원
등   록 | 제21-44호(1988. 8. 12)
주   소 | 서울시 서초구 방배로 68
전   화 | 02) 586-8761~3(본사) 031) 942-8761(영업부)
팩   스 | 02) 523-0131(본사) 031) 942-8763(영업부)
홈페이지 | www.clcbook.com
이 메 일 | wbbkor@gmail.com
온 라 인 | 기업은행 073-085404-01-017
　　　　　예금주: 박영호(밀알서원)

ISBN 978-89-7135-078-2 (03100)

* 낙장·파본은 교환해 드립니다.

이 도서의 국립중앙도서관 출판시 도서목록(CIP)은 서지정보유통지원시스템 홈페이지(http://seoji.nl.go.kr)와 국가자료공동목록시스템(http://www.nl.go.kr/kolisnet)에서 이용하실 수 있습니다.
(CIP제어번호: CIP 2017028670)